マンガでわかる!

マッキンゼー式
ロジカルシンキング

The McKinsey Way of Logical Thinking

赤羽雄二［著］ 星井博文［シナリオ制作］ 大舞キリコ［作画］

宝島社

はじめに　なぜ、あなたの企画・アイデアは採用されないのか？

伝わらないのはテクニックの問題ではない

いい企画・アイデアを思いついているのに、上司にはまったく評価も採用もされない。

こんな経験はありませんか？

なぜこんなことが起きるかといえば、単に伝え方・言い方の問題ではなく、アイデア自体が表面的なものに終わっているからです。

深く考えておらず、思いつきレベルで留まっている。そのため、本人は素晴らしいと思っても、他の人から見るとありきたりだったり、大事なポイントが抜けていたりします。

そのアイデアがなぜいいのか。どうしてうまくいくのか。従来と違ってどんな新しい工夫をしているのか。

こういう配慮が足りないと、アイデアは採用されません。

では、どうすればいいのでしょうか。

話し方、説明の仕方も重要ですが、内容そのものの検討が甘ければ、工夫しても補えることではありません。説明のテクニックの問題ではないからです。どんなに言葉を尽くしても、内容が浅ければボロが出てしまいます。よい結果につながりません。

逆に**内容が素晴らしければ、説明がたどたどしかったり若干不慣れだったりしても、すぐに理解してもらうことができ、賛成してもらうことができます**。アイデアのよさ、実行プランの綿密さ、推進体制の確かさなどが相手の気持ちを深くとらえるからです。初めて会った人にさえ、熱烈なファン、熱心なサポーターになってもらえることも十分あります。

私はマッキンゼー&カンパニーという経営コンサルティング会社で14年間、大企業の経営・組織改革、収益性改善、新事業の立ち上げ、経営幹部の育成などに取り組んできました。マッキンゼーというのは、世界最高の経営コンサルティング会社といわれ、1万人規模の極めて優秀な人材がグローバルに活躍しています。

世界中のトップ企業のほとんどはマッキンゼーの顧客になっており、国によっては政府にまで大きな影響を与えていることもあります。世界一の頭脳集団といっても過言ではありません。トップ企業の社長、経営幹部として活躍しているマッキンゼーの卒業生も多数います。メインフレーム中心だったＩＢＭを大きく転換したルー・ガースナーも、Ｆａｃｅｂｏｏｋの女性ＣＯＯとして著名なシェリル・サンドバーグもマッキンゼーの卒業生です。

マッキンゼーの強み「ロジカル・シンキング」とは？

マッキンゼーの強みは色々ありますが、とくに「論理的にものごとを考え、深め、既成概念にとらわれずもっとも適切な方法を考え、具体的に実行する手法、姿勢」が挙げられると思います。これは「ロジカル・シンキング」といわれます。日本語では「論理的思考」です。

「論理的」という言葉に対して、どういうイメージをお持ちでしょうか。「論理的」という言葉は、日本語では残念ながら、やや微妙な使われ方をしていると考えています。

たとえば、以下のような使われ方です。

「君の説明は論理的じゃないからよくわからないよ」

「もっと論理的に説明してくれないかな」

要は、上司あるいは上の立場の人が、部下や相手をなじるときによく使う言葉になってしまっています。

しかし、英語の「ロジカル・シンキング」は違います。本来の使われ方です。「きちんと深掘りし、よい案を出すこと」、これに尽きます。そして、本書のマンガでも描かれますが、「なるほど」と相手にいってもらえることです。


マッキンゼーを世界一の頭脳集団にした「ロジカル・シンキング」。それを本書を通じて、読者の方に、理解し、身につけていただければ幸いです。難しいことではありません。誰でも身につけることができ、しかも身につけると、仕事でもプライベートでも、いいことばかり起きるのです。

マッキンゼーの仕事術やロジカル・シンキングを扱った本はたくさん出ていますが、このようにマンガでわかりやすく解説した本は、あまりないと思います。

本書は普段、ビジネス書を手に取らない人でもわかるように、そして文字ばかりの本を読む時間が取れない多忙なビジネスパーソンにも素早く理解してもらうことを目的に作りました。

本書を通じて、1人でも多くの人が、世界基準の思考整理術であるロジカル・シンキングを身につけ、公私共に活躍できる人になることを切に願います。

赤羽　雄二

マンガでわかる！　マッキンゼー式ロジカルシンキング◎目次

第4章

「ゼロ秒思考」で問題解決する!……175

プロローグ

マッキンゼーを世界一にした「ロジカル・シンキング」とは？

イベント会社に勤務する桃子は、5年も会社にいながら、自分の企画を通したことがない。

「論理的に考えろ」と上司から叱られ、ダメ社員の烙印《らくいん》を押されていた……。

そんなある日、外資系コンサルティング会社のマッキンゼー＆カンパニーに勤めていた幼なじみと偶然遭遇。桃子の運命が変わり始めた。

イベント運営会社
プラチナフルート
内山課長
新しい企画書ができました
見てください
バッ
営業企画部
丸山桃子 27歳
またかよ
今日こそ通してみせます
どうだか…
ドキ ドキ ドキ ドキ

全然だめだやり直し
えっ
どの企画も薄っぺらい
バサッ
パッと思いついたものをただ羅列しているだけにしかみえない
いつも言ってるだろ
もっと考えて論理的に作ってこい
丸山さんまたボツになったみたいよ
!
5年も会社にいてほとんど企画通したことないんでしょ
まだ根性でなんとかなるとか思ってるんじゃない
いくら先輩でもあの人の下にはつきたくないなぁ
紙がもったいないっすね
あははははは…
…

はぁ…
バカにされても仕方ないわよね
くしゃ…
イベント運営会社に入社して一度も企画が通らないなんてあり得ない
うおぉ〜〜っ
けどくやしい〜…
ん!? あれは…
凹んでても仕方ない仕事しよ
企画書書く度に「もっと論理的に」って言われるけど
今ひとつピンと来ないのよね…
なんだこれ文化祭かよ
もっと論理的に考えろよ
ガミ
ガミ
けどもうボツはいや
次こそ企画を通してやる
キッ
く――…
こんなところで寝たら風邪引くよ
ビクッ
ねっ…寝てませんっ
…

相変わらずだな
桃子
久しぶり
幼なじみ
角井謙二郎 33歳
まさか
幼なじみを
忘れたのか
あ…
……
……

隣に住んでた謙ちゃん…？
ピンポン
どうして日本にいるの？
たしかアメリカに留学してなかったっけ？
うん戻ってきて転職したんだ
マッキンゼーにね
へぇすごい 知らないけど
相変わらずいい加減で適当だな
へへへ
褒めてないよ
で…この前独立して資料探しで図書館に行ったら桃子に遭遇♪
カチャ
謙ちゃん独立したんだ！さすがだねぇ
俺もマッキンゼーマフィアの一員としてがんばらないとね
え

謙ちゃん
マフィアになるの？
ババババ
違う違う
マッキンゼーの卒業生は
ほとんどが大活躍していて
人脈もすごいから
「マッキンゼーマフィア」って
言われるんだよ
そうなんだ
ところで
マッキンゼーって
何の会社？
……
マッキンゼー
正式名称は…
マッキンゼー・アンド・カンパニー
ジェームズ・O・マッキンゼーによって
1926年に創立された
世界最高のコンサルティング会社
McKinsey
FORTUNE
フォーチュン100、500に
ランキングされている
ほとんどの会社に何らかの関係を
持っている
へえ

顧客第一主義で
あらゆる企業の課題・問題点を
解決していく
アップ・オア・アウト
「成長できない者は去れ」が
源流に流れているから
社員の質は
極めて高い

専門家がクライアントのために考え抜き最高の解決策を提案していく世界最強の頭脳集団
ものを深く考えるトレーニングを常にしている
マッキンゼーが世界一なのはロジカル・シンキングつまり論理的に考えることを徹底しているからなんだ
え…

だから
世界中で沢山の…
ちょっと待って
ん
今論理的に
考えるって
言ったよね
ああ
マッキンゼーと
ロジカル・シンキングは
切っても
切れないものだよ
ロジカル・シンキングって
論理的にものを考える
ってこと?
……
日本語では
そう訳されているね
手をどけて
もらえる…
お願い
謙ちゃん
ロジカル・シンキング
私に教えて
ええ

いきなりなにっ
色々考えているんだけどどうやって論理的に考えたらいいのかがわからないの
幼なじみでしょ
お姉ちゃんに告白してフラレたこと誰にも言わないから
なぜそれをっ
わかったよ相変わらず強引だなぁ
へへへ
褒めてないから…
寝る間も惜しんで勉強します!
フン!!
いや その必要はないよ
え…
論理的って言葉は何か誤解されていると思うんだ
どうして?
だって難しく感じるだろ
ま…まぁたしかに…
僕が思うロジカル・シンキングは

「なるほどね」
——と
相手に言ってもらえるように
わかりやすく伝えることさ
……
それだけ？
うん
それだけ
ロジカル・シンキングは
誰にだってできるんだ
多くの人は
難しく考え過ぎている
ロジカル・シンキングが
できるようになれば
人生が変わるよ
そんな
大げさだよ

君が変わりたいと願うならば
俺を信じて
きっと世界が変わって見える日が来るよ
これが私とマッキンゼー式ロジカル・シンキングとの出会いでした
うまい話過ぎて逆に怪しい
いや…教えてくれって言ったのそっちだから…

「もっと考えろ」の正体

上司も実は考えていない

企画書や書類を提出した際、「もっと考えろ」と上司や先輩にいわれたことはありませんか?

そういわれても、たいていの人は困ってしまいます。なぜならば、時間も使って考えた結果、提出しているのですから。

では、なぜ上司は「もっと考えろ」というのでしょうか。上司なりに、「これではうまくいかない」「これでは予算会議を通らない」などと思って、改善させようとしているのです。

問題は、いわれる側からは「もっと考えろ」がいったい何をどこまで考えればいいのかわからないこと。そして、そのやり方を上司が教えてくれないことです。

これは、意地悪して教えてくれないというよりは、多くの場合、上司自身もよくわかっていません。もちろん、意地悪な上司もいますが、部下に指摘するほど自分も考えていない、というのが本音なのです。

よくわかっていないことを正直にいって、「だから頑張ってくれよ。俺もわからないから」という上司であれば、部下もやる気を出すでしょうが、多くの上司はそれほどフランクではありません。何がどう悪いのか、何が不足しているのか、それが自分でもあまりきちんと説明できないときに、「もっと考えろ」と指摘してしまうのです。

もちろん、上司に対して、「それではどうしたらいいかわかりません。どこがどう足りないのか、どうすればいいのか教えていただけませんか？」といえる勇気のある人は少ないでしょう。

そういう質問をすることは、あまり賢いことではありません。なぜならば、上司のなかには、答えられない質問をされると、機嫌が悪くなったり、下手をすれば逆切れしたりする方もいるからです。

では、どうすればいいのでしょうか。

問題解決、仕事促進のためのロジカル・シンキング

「もっと考えろ」といわれたときは、上司が何を求めているかをよく考えてみればいいのです。上司が求めているのは、「もっとよい案」「もっと深く考えた企画書」、率直にいってしまえば「会議で通る書類」「恥をかかない提案」です。ビジネスをやっている人であれば、言いたいことはおおよそ想像できると思います。

部下は、上司に比べて経験が少なく、視野も狭いもの。情報も乏しく、結果として検討不足になっていることがよくあります。だから、上司が満足できる、これならOKという答えをなかなか出せないのです。

検討不足とは、これだと問題解決にならない、仕事が前に進まないという状況です。その場しのぎをしても、また問題が起きてしまう、というような浅はかな解決策を考えてし

まうことです。

そうならないようにするためには、**「ものごとを整理し、問題点を正確にとらえ、もっとも効果的な対応策を考える」**ということに尽きます。

「どう整理するのか」

「問題点を正確にとらえるにはどうしたらいいのか」

こういう点をもっと考えて、現場の雰囲気を肌で感じ、情報を集め、当事者の意見を聞いて判断することを繰り返していく。泥臭いですが、こうすると、だんだん切れ味が増し、鋭い見方ができるようになっていきます。そのためにこそ、本書で扱うロジカル・シンキングを利用するのです。

本当はその指導を上司ができればいいのですが、なかなかそこまで丁寧に指導・アドバイスしてくれる上司は少ない。

「もっと考えろ」の正体は、こういう指導・アドバイスをしない、あるいは苦手、あるいは普段からそこまで考えていない上司が、ある意味無責任に部下に投げ、「よくわからんが、これでは不十分そうだから何とかしてよ」という言葉なのです。

マッキンゼーのロジカル・シンキングとは？

ロジカル・シンキングは特別なことではない

では、ロジカル・シンキングとはいったいどういうものでしょうか。もう少し詳しく見ていきます。

ロジカル・シンキングとは本書の〝はじめに〟でも説明したように、論理的にものごとを考え、深め、既成概念にとらわれずもっとも適切な方法を考え、具体的に実行する手法、姿勢です。「具体的に実行する手法、姿勢」ということに「考え方ではないの？」と思うかもしれませんが、それはこのあと解説します。

これらは､反対の言葉を挙げるとよりわかりやすいでしょう。「いきあたりばったり」「現状をまったく見ず、思い込みと偏見でアクションを決める」「気分で方針を決める」といったことです。これではうまくいくはずがありません。

では、分解して考えてみましょう。

①「論理的にものごとを考え、深める」

マッキンゼーでは、クライアント企業の課題に対して、現状分析を行い、顧客・ユーザーのニーズ・市場規模、競合状況、技術・規制動向、その会社の強み・弱みなどを押さえ、わかりやすく整理します。その環境、その条件下で、どうすればクライアント企業の業績が飛躍的に向上するか、徹底的に考えを深めていきます。

②「既成概念にとらわれずもっとも適切な方法を考える」

その際、非常に大切なのは、既成概念にとらわれずに考えることです。既成概念とは、**「これまでこうやってきた」「これはこういうものだ」という「ありきたりで現状維持」の考え方で、マッキンゼーでは、そういう考え方をいっさいしません。**一から十まで全部疑います。過去の惰性で進めても今後の最善手になることは決してないはず、という厳しい考え方です。

既成概念にとらわれないためには、普段からものごとを疑い、本当はどうあるべきか、本質がどこにあるのかを考え続ける必要があります。既成概念がどういう要素で成り立っていて、その要素一つひとつを吟味《ぎんみ》し、ゼロベースで考える。それで初めて、本来の姿、今の時点で最適な方法を考えることができるのです。

③「具体的に実行する手法、姿勢」

ロジカル・シンキングだから、**考えただけでそこで終わり、ということはまったくありません**。むしろ、考えただけでは何の価値も生みません。マッキンゼーにおいては、「クライアント企業に実質的な変化をもたらしてなんぼ」という考え方が徹底していますので、既成概念にとらわれない新しい考えを具体的に実行する方法まできちんと考え抜く。そして、クライアント企業の経営幹部を支援して実行し、成果を挙げるところまでやり遂げます。

どうでしょうか。少し難しく書いていますが、現状を分析・整理し、ものごとを疑って既成概念にとらわれずに考え、具体的に実行して成果を挙げる、ということですから、それほど特別なことではありません。

「言うは易《やす》く行うは難し」を行うマッキンゼー

ところが、これは、「言うは易く行うは難し」の典型です。会社はおろか、教える立場の経営コンサルティング会社でさえ、これを徹底しているところは多くありません。

ゼロベースで考えられなかったり、現状分析が甘くなったり、実行する立場で考え抜いてなかったりする。コンサルタントでいえば、顧客よりも自分たちの利益優先になったり、クライアントに報告書を出すのが仕事だと勘違いしていたり、といった具合です。


一方、マッキンゼーで働くと、1000人に1人という厳選された人材が、さらに日々スキルアップをし、一流のノウハウを伝授され、百戦錬磨のコンサルタントに育つのです。その根本にあるのが、ロジカル・シンキング力。現状を分析・整理し、既成概念にとらわれずに考え、具体的に実行して成果を挙げる力です。

全力投球で知恵をふりしぼり続け、クライアント企業の利益最大化からぶれずに行動する。これを世界中で同時並行的に行っているからこそ、マッキンゼーは、世界一の頭脳集団といわれ続けるのでしょう。

論理的思考は誰でもできる

相手に「なるほど!」と思わせれば論理的

「ロジカル・シンキング」「論理的思考」といわれると、これまでは「難しそう」「自分にはとてもできない」「こういうのは苦手」と思われる方が多かったと思います。先にも指摘したように、人格・能力否定に近い言い方で「君の説明は論理的でないのでさっぱりわからない」という使われ方をされている状況ですから、仕方がありません。

しかし、論理的思考は誰でも十分できます。否、実際、毎日しています。

「西の空が暗くなってきた。もうすぐ雨が降りそうだ。だから、傘を持って出かけよう。あ、思った通り降ってきたけど、傘があったから大丈夫だった」

こんなことはよくあります。

あるいは、「送別会に20人参加する。会費は1人が5000円に設定した。だから、本人へのプレゼントのお花分を除いて、お店には予算8万円でとお願いしよう」というような感じです。

こういう考え、会話は、誰もがいつもしています。これが論理的思考です。「これがこうだったらこうなるはずだよね」というだけの話です。誰にでも小さいときから備わっている基本的な思考スキルであり、普通に会話できる人は、皆、十分に論理的思考をしているのです。

ところが、これが仕事の話になると途端にできなくなる。難しい言葉が飛び交ったり、上司に罵倒されたり（罵倒されなくても圧力を感じたり）するため、頭が真っ白になる。一気に気分が萎《な》えるので、普段できている論理的思考ができなくなってしまうのです。

よくわからなくなったら、次のラーメン屋さんについて考えてみてください。

コクがあるのにさっぱりしたスープで、塩分は驚くほど少ない。麺の素材の工夫でカロリーが普通のラーメンの半分しかないのに、満腹感が十分にある。値段はほぼ世間なみ。こんなおいしいだけでなく健康志向と満腹感を満たすラーメンがあれば、話題のお店になると思いませんか。

これが論理的思考です。「こうだったら、こうだろう」と推論するだけです。難しいことはまったくありません。難しく感じるのは、上司や先輩に一方的に否定されることがあまりにも多いため、萎縮しがちだからです。

マンガでも説明しましたが、**相手が「なるほど！ そりゃそうだ」と思えれば、それは十分に論理的思考であり、しかも「わかりやすくプレゼンした」ということです。**

強い関心や好きになることが、論理的思考の鍵！

論理的思考は誰でももともと持っている能力ですが、苦手な分野や苦手な相手に対して、考えることが止まってしまい、表面的な検討に終わってしまうことはよくあります。**苦手な分野や苦手な相手でも、萎縮せず、焦らなければ、学歴や社会経験、成功体験などに関係なく、誰でもいつでも論理的思考はできる**。まずはこれを認識することから始めてください。そして、今回、本書を通じて、ロジカル・シンキングを理解できれば、仕事上も、プライベートでも大変役立つことになります。

状況に応じて、きちんと考え、これならできそうだというプランとして実行したり、上司・顧客に提案したりできるからです。よく考えていて、自然体で説明すればよく伝わります。

友人や家族からも、大いに頼られ、好かれることになります。

鍵は「きちんと考える」「よく考える」ということにあります。先に挙げたラーメン屋さんの場合であれば、

・どうやっておいしいスープを作るのか
・どうやってスープの塩分を大幅に減らすのか
・どうやって「コク」と「さっぱり感」を両立させるのか
・どうやってカロリーが大幅に低く、かつ食感のよい麺を開発できるのか
・どうやって麺とスープがうまくからむような工夫ができるのか

といったラーメンそのもののことに加えて、

・どうやって体によい素材を安定供給してもらえるのか
・どうやってこのラーメンの原価をあまり上げずに作ることができるのか
・どうやって他のラーメン屋に埋もれず、知ってもらえるのか

・どうやって他のラーメン屋にマネされずに続けることができるのか
・どうやって味を落とさず、多店舗展開できるのか
・人手不足のおり、どうやって優秀な人材を採用し続けられるのか

といった経営のことまで考えられるかです。

しかし、難しい話ではなく、好きであれば自然に考え続けていることです。好きでない場合、真面目に考えない。そうすると、論理的思考がどうのこうのではなく、誰から見ても表面的な案に終わってしまいます。

マンガでも、主人公の桃子は、5年間も企画が通りませんでしたが、仕事を頑張り続けました。そして、ロジカル・シンキングを理解、身につけるきっかけに飛びつくことができましたが、彼女はきっとイベント企画を考えるのが大好きだったはずです。

強い関心があれば論理的思考はできます。関心がなければ考えたり工夫したりしないので、論理的思考にならない。これが、論理的思考を発揮できるかできないかの鍵だと思います。

第 1 章

「A4メモ書き」で論理的思考は誰でも身につけられる！

桃子が「ロジカル・シンキング」を身につけるために、幼なじみの謙二郎に教えられたのが「A4メモ書き」という手法だった。

同期の美玲から譲ってもらったイベント企画を担当することになった桃子は、メモ書きを駆使して、イベントを成功に導けるか？

チチ・・・
いたたたた…
昨日は飲み過ぎた…
謙ちゃんお酒強いわ…
…けど
なんで飲むことになったんだっけ…
確か…ロジカル・シンキングを教えてくれって頼んで…
どうせなら場所を変えない？
あ…ああ
その後ロジカル・シンキングを教えてもらったはずなんだけど…
おーい！きけって
カンパーイ
キャハハハハ…
なんだっけ…
全然覚えてない
そもそもどうやって帰ってきたかも覚えていないわ…
ん…

なんだ この紙は…？
20XX.XX.
どうしてお酒が好きなのか
ー思ったことを言える
ー酒場の雰囲気が好き
ー嫌なことを忘れられる
ー楽しい気持ちになれる
ー明日の活力
ー見た目がキレイ
なんだか大切なことだったような気がするんだけど…
えーと たしか…
いつまで寝てるの
会社に行かなくていいのかい
ぎゃあああああ
遅刻 遅刻──っ
はぁ～
わが娘ながら情けない…
美玲さん いかがでしょうか？
クライアントのためにももう少し予算を削ったほうがいいわ
なるほど… わかりました
営業企画部
西園寺美玲 27歳

カタ
カタ
すごいね
美玲さんって
入社して
たった5年で
もう営業企画部の
エースなんだもん
私も
美玲さんみたいに
なりたいな
飲み過ぎて
遅刻しただと!?
!
もう少し
自覚を持って
行動しなさい!!
すみません
ガミ
ガミ
ガミ
ペコ
ペコ
ペコ
同じ5年目でも
ああなっちゃ
終わりね…
ハア…
なさけない…
……
ちゃんと
やらなきゃ…
グィ
二日酔いで
遅刻とは
いいご身分ね
え

美玲ちゃん
そんなこと していたら 会社にいられなく なるわよ
うっ…
……
同期のよしみで この仕事 譲ってあげる
え… 私にやらせて もらえるの？
青林檎 株式会社の 懇親会 イベント
こういった 社内行事の イベント受注は 増えているの
でもここは 毎年恒例の ところだから
あなたでも できるでしょ
うん
ありがとう 美玲ちゃん 優しいね
……
スッ
……？

美玲さん
どうして丸山さんに仕事を回してあげるんですか
遅刻してくるような彼女に優しくする必要なんてないですよ
優しくなんてしてないわよ
え…
青林檎株式会社は今年創立40周年
これまでとは違った懇親会をやりたいって希望がきているのよ
しかも低予算
低予算でなおかつこれまでと違った企画…
難しいですね…
さすが美玲さん
これは楽しみ
これは丸山さんにとってとても厳しい仕事になるわ
いい薬になりますね

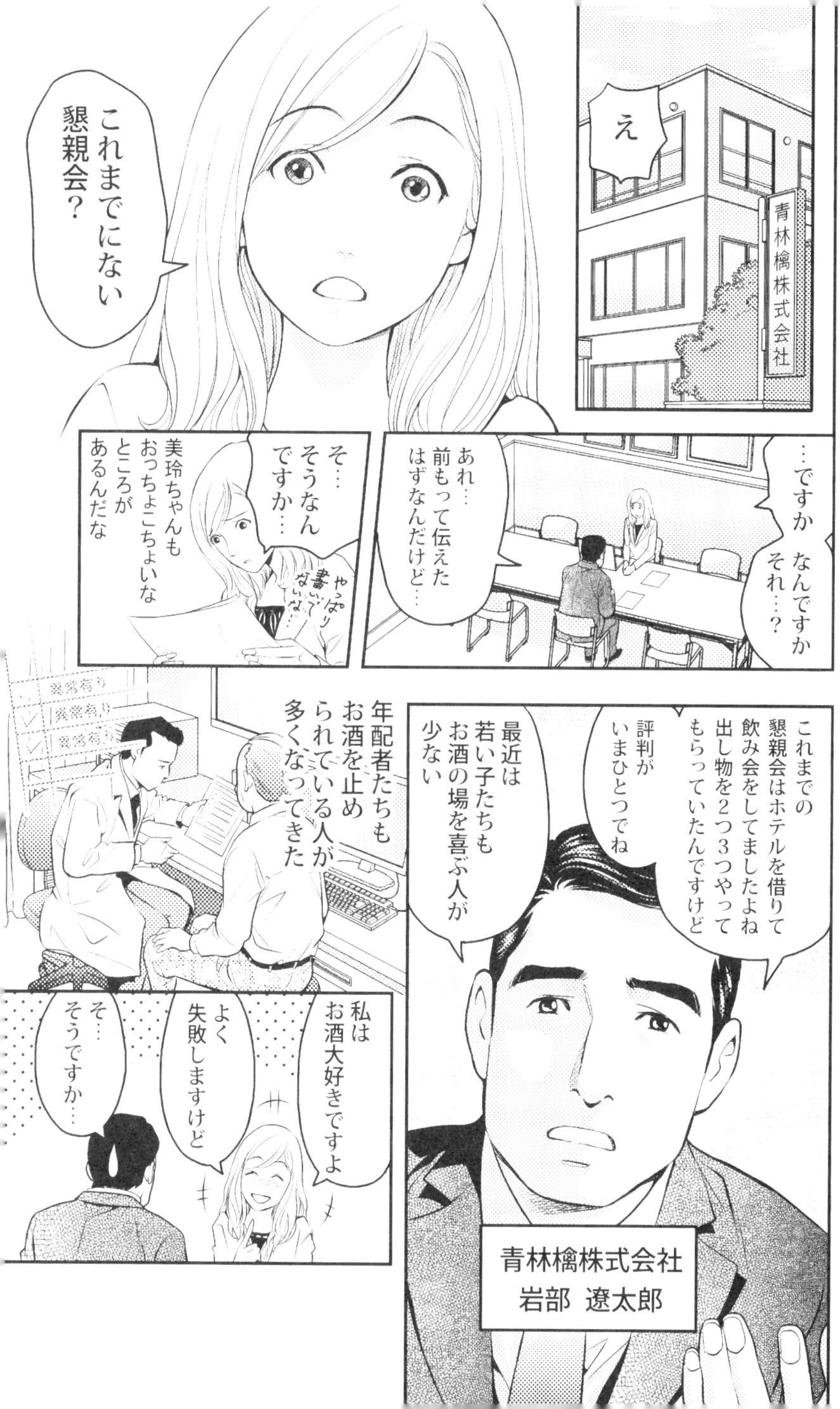

え
青林檎株式会社
これまでにない懇親会？
…ですか なんですか それ…？
あれ…前もって伝えたはずなんだけど…
そ…そうなんですか…
やっぱり書いてないな…
美玲ちゃんもおっちょこちょいなところがあるんだな
これまでの懇親会はホテルを借りて飲み会をしてましたよね出し物を2つ3つやってもらっていたんですけど
評判がいまひとつでね
最近は若い子たちもお酒の場を喜ぶ人が少ない
年配者たちもお酒を止められている人が多くなってきた
青林檎株式会社
岩部 遼太郎
私はお酒大好きですよ
よく失敗しますけど
そ…そうですか…

けど…懇親会はどうしてもやりたいんです！
！
会社にとっても社員にとっても大切なものだと思っています!!
会社は人で成り立っている
社員は家族です
古い考え方かもしれませんが
こんな時代だからこそ公私共に付き合うことで絆を作り
いつでも助け合える強い団結が生まれるはずです
だからお願いです
会社にとってかけがえのない懇親会にしてください！

低予算のくせに無茶言い過ぎですかね…
感動しました
ガシッ
必ず心に残る素敵なイベントにします！
よろしくお願いします
うーん とは言ったもののどうしたものか…
みんなで楽しむものか…

YOOO！ニュース
市民が団結
ドミノ世界記録達成!!
これだ！
ガタ
団結！
社員全員でドミノに挑戦すればきっと絆ができる！
体を動かすからスポーツにもなる！
……
確かにスポーツは健康的で参加したくなるけどドミノはスポーツとは違うでしょ
はぁ…
え…
美玲ちゃんまだいたの？
打ち合わせが長引いてね
ドミノ大会って本気で言っているの？
大本気だよ！
じゃあ聞くけどドミノはどこの会場でやるわけ？
相当大きなところが必要よ
そ…それはどこか大きな体育館を借りて…
それに大量のドミノはどうやって集めるの？
予算は？保管場所は？
え
それは…
ドミノを作る指示は誰がやるの？
失敗した時の担保は？
……
考えてない…
だから考えが浅いって言われるのよ

ダメなときは
早く言って
！
あなたより
優秀な後輩は
沢山いるから
……
カッ
カッ
グッ
ボリ
ボリ
ボリ
ダメだ…
まったく
思い浮かばない…
あなたより優秀な
後輩は沢山いるから

早く誰かに代わってもらったほうがいいのかも…
会社にとってかけがえのない懇親会にしてください！
いやだ…
私がやりたい
私がやる！
けど
どうやって…
！
あれ…この紙は
20XX.XX.XX
お酒が好きなのか
ったことを言える
酒場の雰囲気が好き
嫌なことを忘れられる
楽しい気持ちになれる
明日の活力
見た目がキレイ
あの時謙ちゃんにロジカル・シンキングを教えてもらったんだ
忘れてた
これでイケる！
……

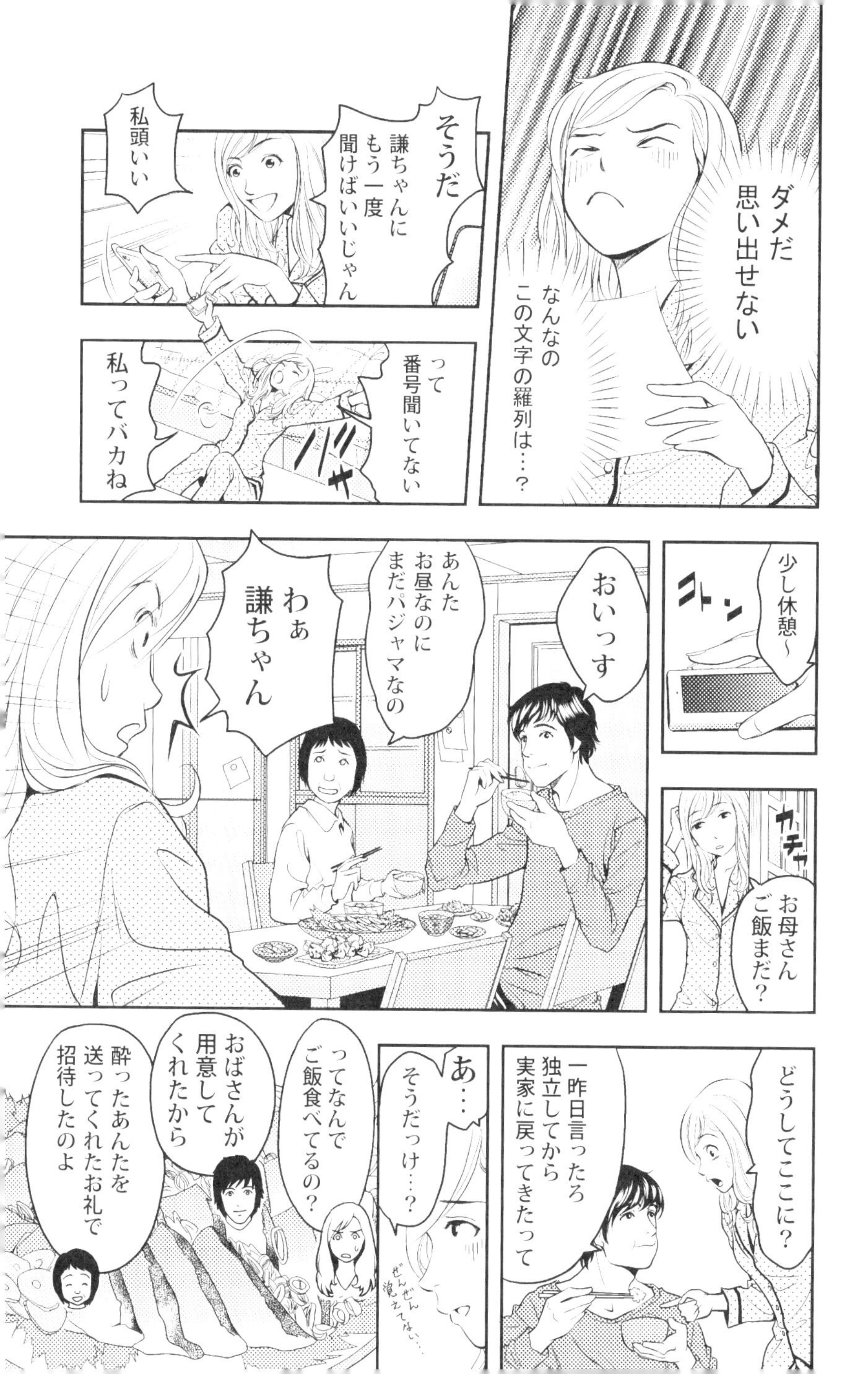
ダメだ 思い出せない
なんなの この文字の羅列は…？
そうだ 謙ちゃんにもう一度聞けばいいいじゃん
私頭いい
って番号聞いてない
私ってバカね
少し休憩～
コトン
カチャ
お母さん ご飯まだ？
おいっす
あんた お昼なのに まだパジャマなの
わぁ 謙ちゃん
どうしてここに？
一昨日言ったろ 独立してから実家に戻ってきたって
あ…
そうだっけ…？
ぜんぜん覚えてない…
ってなんでご飯食べてるの？
おばさんが用意してくれたから
酔ったあんたを送ってくれたお礼で招待したのよ

そうだったんだ…
けど ちょうど よかった!
へ…
まさか 全部忘れてるとは…
すみません
どうかな… ロジカル・シンキングでこの案件をクライアントが望むものにできるかな?
実は
俺はもう幾つか 実現可能な企画を 思いついている
ええ!
きっと企画書を出せば 通るだろうし うまくいく自信もある
嘘でしょ…
だって 企画意図を話して 1分くらいしか 経ってないじゃない

時間をかければ考えが深まるとは限らない
優秀な人ほど即断即決できる人が多い
素晴らしいスピードで情報収集をし意思決定を下す
そして行動する
マッキンゼーでは優れた経営者を相手にして仕事をするわけだからこちらも早い意思決定が必要となる
それもただ意思決定するだけではなくきちんと進むべき方向に待ち構えるメリット・デメリットも提示しなければならない
究極は瞬時に課題を整理し
問題点の本質を見抜き
課題
問題点
解決策
解決策を導く判断を下す
ゼロ秒思考

君が望むなら
何度でも教えてあげるよ
なんだか自信がなくなってきた
なんで？
だってマッキンゼーでの経験で謙ちゃんはゼロ秒思考ができるようになったんでしょ
ダメ人間の私にできるわけないじゃん
……
そうやって皆ロジカル・シンキングを難しく考え過ぎてる
そこで昨日教えたメモ書きが登場するんだよ
どうしてお酒
―思ったことを言える
―酒場の雰囲気が好き
―嫌なことを忘れられる
―楽しい気持ちになれる
―明日の活力
―見た目がキレイ
これはロジカル・シンキングを誰もが取り組めるようにと思ってマッキンゼー時代に僕が考えついたものなんだ
だから毎日メモを書くトレーニングをすればいい
トレーニング？

悩み
アイデア
頭に浮かぶもやもやしたことや気になることを
もやもや
気になる
思いつき
ヒラメキ
とにかく紙に書き出すトレーニングをする
具現化
メモ書きを続けるだけで頭が整理され誰もが論理的にものごとを考えられるようになる
アイデアもグングンと深まっていくし短時間で問題を把握し解決ができる
ロジカルシンキング
アイデア
メモするだけで？話がうま過ぎる…
とりあえずやってみようか
まずA4用紙を横置きにしてタイトルをつける右上には日付をつけよう
20XX.X.X
タイトルは例えば
どうして桃子はお寝坊さんなのか？
どうして桃子はお寝坊さんなのか？
なんで知ってるのよ
いや…隣に住んでいるから
毎朝聞こえてくるよ
きゃああどうして起こしてくれないのよ
遅刻遅刻っ
そ…そうなのね…

メモ書きは どんな些細な事でも アウトプットする癖を つけてほしい
1ページに4～6行 各行20～30文字程度で 1ページ 1分以内にメモを書く
20XX X XX
どうして桃子はお寝坊さんなのか
まずは 毎日10枚でも たった10分でしょ
とにかく 思いつくままに 書いてみる
じゃあ 見てて
スッ
どうして 桃子は お寝坊さん なのか？
ゴクリ
カリ
どうして桃子はお寝坊さんなのか？
－寝るのが遅いから
－そもそも夜更しが好きだから
カリ
－お風呂に入るのが遅いから
－深夜のお笑い番組が好きだから
－本を読む時間が夜しかないから
－深酒する習慣があるから
カリ
－目覚まし時計が壊れているから
－長時間寝ても安眠ができていないから

1分
こんな感じかな
20XX.X.XX
どうして桃子はお寝坊さんなのか？
- 寝るのが遅いから
- そもそも夜更しが好きだから
- お風呂に入るのが遅いから
- 深夜のお笑い番組が好きだから
- 本を読む時間が夜しかないから
- 深酒する習慣があるから
すごぉい
あ…わたし安眠できてないかも…
どんだけ寝ても寝足りない感じなのよね
そしたらまたメモ書きをしてみる
カリ
カリ
どうして安眠できないのか
え…また
- ベッドが合っていない
- 枕が合っていない
- 鼻が詰まっている
- 寝る時間がバラバラ
私が安眠できない理由はこれだけの可能性があるなんて
これまではただの怠け者ってただ一蹴されてただけだったのに
カリ
カリ
わぁ
こうやってメモ書きすると頭の中が整理される
するともやもやしたことがなくなるし
解決方法も見えてくる
じゃあ早速新しい企画のメモ書きをしてみよう
ゴク…
スッ

タイトルは…
そうだな
「どんな企画が心に残るか」がいいかな
とにかく思いつくままに書いてみるんだ
よぉし
カリ
カリ
ーワクワクできるもの
ー想像を超すイベント
ーこれまでにないもの
ー子どもの気持ちに戻れるイベント
ーどの世代も参加できること
1分
わぁ
あっという間におわっちゃった
けど思った以上に書けた
簡単だったし色々出てきた
その調子だ
それじゃあ次のタイトルは？
「子どもの気持ちに戻れるイベントとは？」がいいかな
じゃあ1分測るよ

1時間後
できた…
企画書
メモ書きで出てきたアイデアを整理すれば企画書になる
キュッ
はじめてまともな企画書が書けた気がする
桃子らしいいい企画だと思うよ
これがメモ書きか
美玲さん大変です
企画書

丸山さんの企画が通ったそうです
え…
どうしましょう
チラ
……
カタ
カタ
カタ
まぁいいんじゃないやらせておけば
けど…
私達もそれぞれ担当があるんだから
当日どんな企画が通ったのか見に行きましょう
そ…そうですね
どうせろくなものじゃないに決まっている
カタ
カタ
……
カタ
カタ
カタ
カタ

懇親会
当日
……
ここの懇親会はいつも夕方からじゃなかったっけ？
結局今日までどんな企画かわからなかったからね
何あれ
え…
検診車？
あっちも見てみてマスコミがいるわよ
なんで？
何が起こってるの？
ドン
ドン
きゃ
パン
え
花火？
とにかく会場に行ってみましょう
!
ババ

ワァァーーーーッ
運動会…？
あれっ
美玲ちゃん

それにみんな来てくれたんだ
丸山さんなんなのこれ？
どうして検診車やマスコミがいるのよ
どうみてもおかしいじゃない

健康診断を兼ねた運動会を企画したの
健康診断を兼ねた？
子どもの気持ちに戻れるイベントとは？
ー遠足
ー給食
ー音楽の発表会
ー演劇
カッ
カリ
カッ
！
ー運動会
カリ
運動会か…
ブツ
ブツ
運動会だったら心に残るかもしれない
カッ
懇親会で運動会をやってみたら
カリッ
ー知らない部署の人と知り会うきっかけになる
ー親子で参加できる
ー健康になる
ーチーム一丸となることで新しい友情が生まれるかもしれない
ーオフィスとは違った一面が見れる
ー自分の体力を知って不安になる人もきっと出てくるはず
ー運動することで自分の体力を知ることができる
ー世代でわけて競技ができるのもいい
カッ
運動することで自分の体力を知ることができる
ブツ
ブツ
そばに健康診断ができる施設があればきっと多くの人が利用するはず
運動会を開くことで健康意識が高まれば会社としてもきっとプラスになる

健康診断を兼ねた運動会か…
いいんじゃないかな これは面白い
話題になるかもしれない
よかった
じゃあこれで企画出してみるね
それにプラス マスコミも呼んでみたらどうかな
へ
マスコミ?
今どき懇親会で社員の健康のために運動会をしている会社なんてあんまりないだろ
運が良ければ食いついてくるよ
なるほど さすが 謙ちゃんだね
合わせてクライアントに提案してみるね
おお これはいいね ぜひやろう!
提案したらとても喜んでくれて
運動会なら低予算だしね……
美玲ちゃんがスポーツは健康的で参加したくなるって言ってたのもヒントになったよ
え…
美玲さん…
……

ワー
ワー
ワー
ワー
良かったね
行くわよ
もう？
美玲ちゃん
丸山さん
岩部さん
ありがとう　丸山さん
ほとんどの社員が喜んでたよ
しかも家族揃って参加してくれるから家族ぐるみの付き合いも増えそうだ
これこそ私が望んでいた懇親会だよ

来年以降も
君に頼んでいいかな?
ありがとう
ございます!
う…うれしいです…
桃子
おめでとう
けど
ロジカル・シンキングは
まだ
始まったばかりだよ

論理的思考は「Ａ４メモ書き」で身につける

頭に思い浮かぶままにメモするだけ

ロジカル・シンキング、すなわち論理的思考は、強い関心を持てば自然にできるようになることを前章でもご説明しました。

ただ、実際は、苦手意識もあり、これまでの習慣もあるのでそれに打ち勝つため、少しだけ手と頭を動かして練習をする必要があります。

それが、私がマッキンゼー時代に始め、２０１３年12月に出版した『ゼロ秒思考』（ダイヤモンド社刊）以降、広く提唱している「Ａ４メモ書き」です。

これまでに数千人以上の方に講演、セミナー、ワークショップ等で直接お伝えし、メモを書いていただきました。さらに、『ゼロ秒思考』および続編の『速さは全てを解決する』（同）以降の出版物等を通じて、20万人近くの方にお伝えしています。

方法は簡単です。Ａ４用紙を横置きにし、左上にタイトル、右上に日付（2015-8-21のような感じです）を書き、本文は4〜6行、各20〜30字書きます。

これだけなら、どうということはないのですが、このA4メモ1ページを1分で書き、毎日10〜20ページ書く、というところがポイントです。

桃子がお酒が好きな理由を書いた例だと各行5〜10字と短いですが、69ページのメモ書き①のようになります。

1行の文字数が少ないと、頭の整理にはいいですが、言語化能力の強化にはやや不足なので、慣れてきたら、69ページのメモ書き②のように1行20〜30字書くことをお勧めします。

言葉を選ばず、内容も吟味せず、頭に浮かぶままに書き出していく感じです。そうすると、次のような驚くべき変化を感じられるようになります。

・頭が整理される
・もやもやがなくなっていく
・くよくよしなくなって、前向きになる
・優先順位が明確になる

・行動が速くなる
・言いたいことが自然に浮かんでくるようになる
・説明がすらすらできるようになり、納得してもらうことが増える

A4メモを毎日10~20ページ書き続ければ、自然にロジカル・シンキング、すなわち論理的思考が身についていき、仕事ができ、気分も爽快になるのです。

メモ書きをする前は、マンガの桃子のように「A4メモを書くだけで本当に?」と思われるかもしれません。しかし、講演・ワークショップ等の参加者数千人に目の前でメモを書いていただいていますが、数週間といわず、その場で、手応えを感じられる方が多くいらっしゃいます。

ポイントは、1ページに4~6行で各20~30字、計80字前後を1分間という短時間で書く。すると、余計なことを考えず、言語化能力が効果的にトレーニングされていく、ということです。

メモ書き①

どうしてお酒が好きなのか？　2015-8-21

- 思ったことを言える
- 酒場の雰囲気が好き
- 嫌なことを忘れられる
- 楽しい気持ちになれる
- 明日の活力
- 見た目がキレイ

↓

メモ書き②

どうしてお酒が好きなのか？　2015-8-21

- 飲むと思ったことを言えるので、ストレス解消になる
- 酒場の雰囲気が好き。それだけでリラックスできる
- その日あった嫌なことをかなり忘れられる
- 皆で集まるとわくわくするし、楽しい気持ちになれる
- 明日の活力になる。一杯飲むだけで元気が出る
- 見た目がキレイ。特にカクテルはキレイで見ていて楽しい

「A4メモ書き」7つのポイント

こういう大きな効果が期待できるA4メモ。ここでは書き方のポイントを詳しくご説明しましょう。

A4メモの効果を最大化する鍵は、1分という時間で書くことです。ゆっくり書くのではなく、一気に素早く書くほど、頭の中身が全部書き出されます。あれこれ悩まずに、また言葉も選ばずにもやもやしたものを書き出すことで、なぜもやもやしていたのか、もやもやにどういう意味があるのかが見えてきます。

ポイント① 1分で書く

初めてメモを書いたときは1分以内だと、2行で各5〜7字しか書けない、そういう人も多数いますが、まったく気にしなくて大丈夫です。

10〜20ページ書くうちに、どんどん速く書けるようになります。**ただ、速く書こうと思わなければ、自然に速くなることはありません。**1ページに3〜4分かけて書かれる方も結構いらっしゃいますが、それではスピードアップしないので、時計の秒針等を見ながら、

1分で頑張って書くことに慣れていってください。

速く書かなければならない最大の理由は、悩んだり言葉を選んだり、より深く考えたりしているつもりでも、実際は頭が止まっているからです。**あれこれ言葉選びをしたところで、アイデアがよくなることはありません。**いったん書いた後の推敲《すいこう》ならまだしも、あれこれ悩んでも時間を浪費するだけです。

それよりは、無我夢中でどんどんメモを書いていくほうが言語化能力が高まり、はるかに成長します。

ポイント② 一件一葉で書く

A4メモを書くときには、1枚にあれこれ詰め込まずに、一件一葉で書きます。別のタイトルを思いついたら、別の紙に書き出します。ときには、5〜10ページ、次々にタイトルが湧いてくることがあります。

こういうとき、頭の中身をどんどん外に出すことができます。発想が広がっていきますし、嫌なことであればそれが客観視できるようになります。

1枚のなかに多くのタイトルを詰め込んでいくより、ばらばらの紙に書いていくほうがずっとすっきりする。頭が一気に整理される感じを覚えるでしょう。

人の頭はもやもやをその都度はき出していくほうがよく動きますし、思考のスピードも落ちません。書かずに残しておくと、あれこれ気になって気もそぞろになります。

また、書いたA4メモですが、毎晩寝る前に7〜10のカテゴリーに分けたクリアファイルに整理します（写真③参考）。そうすると、不思議なほど頭も同時に整理されます。一件一葉は整理するうえでも必要なのです。

ポイント③ 紙はA4用紙

メモを書くとき、A4用紙を横置きにして書

写真③

くことをお勧めしています。仕事上のいちばん基本のサイズであり、使用済みの裏紙が比較的手に入りやすいという理由もあります。購入する場合でも、A4用紙は500枚で250〜300円で買えるので、毎日20ページ書いても1日10円少々のコストです。

それ以外にA4サイズをお勧めしている理由はいくつもあります。

- 手書きで4〜6行、20〜30字書くのにちょうどよいサイズ
- 世の中でいちばん普及したサイズなので、カバンやクリアファイルなどに困らない
- メモの発展形として、企画書、書類作成時に扱いやすい

メモを書くのにノート、日記帳、パソコン、スマートフォンはあまりお勧めしていません。

ノートや日記帳は、一件一葉でないため整理に向いていないからです。しかもたくさん書くと、ノートはかなり割高です。

パソコンではメール、パワーポイント、ワード、エクセルを使いますが、A4メモを書くには、機動力に欠け、どこでもすぐ書けるというわけではありません。第2章以降のマンガにも関係しますが、ちょっとした図、フレームワークなどを書こうとすると、何分も

かかってしまい、スピード感がありません。スマートフォンはもっと遅いのでお勧めしていません。

ただし、企画書、書類作成時にＡ４メモを数十ページ書き、それからパソコンで、パワーポイントに入れ込む。これは言語化能力を高めるのではなく、清書するうえで効果的だと考えます。

ポイント④ タイトルは疑問形にするなど工夫する

次にタイトルのつけ方について。タイトルは、頭に何かが浮かんだとき、そのまま書きます。

- ・どうすれば論理的ではないといわれずにすむか？
- ・上司は論理的なのか？　自分と何が違うのか？
- ・どういうとき、論理的でないといわれるのか？
- ・どうやったら深掘りできるか？

たとえばこのような感じです。**タイトルを疑問形にするほうがアイデアが出やすいかと思います**。次のような形もあります。

・明日実施すべきこと
・企画書を速くまとめる方法
・会議で発言すべきこと

また、タイトルは、ぼかして書かないほうがよいと考えています。

たとえば、「職場の山村さんはどうして私を馬鹿にするのか？」というタイトルをつけようとしたら、「私はなぜ馬鹿にされるのか？」といった抽象的なタイトルではなく、また「Yさんはどうして私を馬鹿にするのか？」といった固有名詞をぼかすのも勧めません。**具体的に、かつはっきり固有名詞を入れて書く。そのほうが率直に書くことができ、結果、疑問点の解決や頭のもやもやの解消が早まると考えています。**

ポイント⑤ 同じタイトルでも気が済むまで何度も書く

あるタイトルでメモを書いてから、数時間後あるいは数日後、また似たようなタイトルが頭に浮かんだら、気にせず同じタイトルで書いてください。気になっているうちはまだ整理されていないからです。

その場合、前に書いたメモを見返すのではなく、改めて書くほうがいい。そのほうが言語化能力を高めます。

私の場合、マッキンゼーに入ったとき、次のようなタイトルのメモを何度も繰り返し書いていきました。

・報告書をどう作成すればいいのか？
・報告書の作成方法は？
・どうすれば報告書の作成を素早く進めることができるか？
・報告書の作成に必要な分析をどうやって前倒しするか？
・どうすれば、インタビュー直後に報告書を作成できるか？
・インタビュー中に仮説を構築し、確認するには？
・インタビュー前に仮説を持つには？

・インタビュー中に報告書のキーチャートを書けないか？

ほぼ同じようなタイトルもあれば、だんだんと広がっていったタイトルもある。タイトルの繰り返しは気にせず、頭に浮かんだら全部メモに書いていきます。十分に書いた頃には、自分の行動がレベルアップしていることに気づくでしょう。**何度も何度も書くことで、頭のなかの言語化が十分進み、明確に認識して行動に移すようになるのです。**

また、重要だと思うタイトルに関しては、そのメモに対して少し違う角度から次々に書いていくと、広い視点を得ることができます。

元のタイトル
・論理的でないと二度といわれないためには？

多面的に書いたときの他のタイトル
・どういうとき、論理的でないといわれるのか？

・上司はどういう言い方が気にいらないのか？
・論理的でないとは、上司にとってどういうことなのか？
・論理的でないといわれる人はどういう人か？
・論理的でないといわれない人に共通点があるか？
・いつから論理的でないといわれるようになったか？
・自分としてはどういう感じのとき、論理的でないといわれるか？
・どういうとき、論理的でないといわれないのか？
・論理的とはそもそもどういうことなのか？
・論理的でないとはどういうことなのか？

このくらい書くと、多方面から見た感じになり、はっきりと自分の頭のなかが見えてきます。

ご飯つぶが口の横についていれば他の人がすぐわかりますし、自分も鏡を見ればわかります。ところが自分の頭のなかはなかなか見えない。そこで、多面的に書くと、多くの気づきが生まれます。使う時間はほんの10分程度です。

気になっていることはこうやって「多面的に」メモを書き続けると、いちばんすっきりします。10〜20ページ書いているうちに、もやもやがすっかり晴れていく。もやもやしているとストレスを感じ、萎縮しますが、それがなくなっていくのです。

ポイント⑥ 1ページにつき4〜6行、1行は20〜30文字

メモの本文がなぜ4〜6行なのでしょうか。あることが気になってタイトルに書くわけですが、それに対して起承転結で書けば4行、それに少しおまけをつければ最大6行程度、という目安です。英語圏だと三段論法ということになるかもしれませんが、日本語の場合は、起承転結のほうがずっと相性がいい。

メモ書き④

今週中に何をすべきか？	2015-8-21

- 企画書の準備。分析を依頼し、たたき台を作成
- 来期予算の策定準備。関係部署との調整、確認
- 品質問題への対策立案、フォローメールを関係各署に出す
- 顧客の声の整理と優先づけ。優先順位の高いものから着手
- 上司との人事面談準備。必達目標をどうすべきか
- 新人歓迎会の準備。企画、人数把握、会場の手配

起承転結でない場合、単純にリスト的な本文もあるでしょう。前ページのメモ書き④のような場合です。

ちなみに、なぜ6行までかといえば、それ以上だと、課題の羅列《られつ》になりがちだからです。たまに、1ページに10行くらい一気に書く人がいますが、こういう場合、重要度がまちまちで、あまり整理されません。

タイトルに関してもっとも重要な4～6項目を書く。このほうが**頭の整理になりやすいと思います**。

また、なぜ1行につき20～30字か。これは、「コスト削減」「企画書作成」「相談」といった**具合に短く書くと、具体性に乏しい言葉になりがちだからです**。これだと、頭のなかのものを言語化する能力の訓練になりません。言葉に形容詞、副詞、動詞をつけ、頑張って20字以上で書くようにしてください。

そういう習慣を身につけておけば、部下、チームメンバー、外注先などに対して具体的な指示が自然にできるようになります。ちょうど「あれやっておいて、あれ」という指示の正反対です。

そして、私はメモ書きの中身は問いません。4〜6行で各20〜30字を1分で書くようにしていれば、自然によい内容になるからです。

最初はうまく書けなかったり、表面的になったとしても、数十ページ書いていると、よい内容に洗練されていく。人は元来、論理的思考ができるのです。余計なことを考えないほうが、本音を率直に書けるようになります。

実は、これがロジカル・シンキング、論理的思考への近道です。

ポイント⑦　保管したメモはすぐには見返さない

書いたメモは、毎晩寝る前にフォルダに保管するようにします。フォルダは、関心に合わせて、7〜10のカテゴリーに分けておき、そのどこかに投げ入れることになります。

本書のテーマである論理的思考に関心のある人なら、以下のようなカテゴリー分けが例として挙げられます。

- ・論理的思考に関して
- ・コミュニケーション

・わかりやすい説明の仕方
・深掘りの仕方
・問題把握・解決力の強化
・ビジネスのアイデア
・気になること

カテゴリー分けは、頭の整理の仕方に直結しています。メモを投げ入れる際にしっくりこなければ、しっくりくるまで何度か作り直すとよいでしょう。

また、一部のフォルダだけ厚くなる場合、それを2つに分けるのを勧めます。たとえば「コミュニケーション」を、「上司とのコミュニケーション」「それ以外のコミュニケーション」などに分けたりするなどです。

ただし、メモには遠慮なく自分の思いをつづっていますので、**保管場所は気をつける必要があります**。会社のことについて書いたメモは自宅に、家庭のことについて書いたメモは会社に保管するといった気配りが必要です。

またフォルダに投げ入れたメモは、すぐに見返さないほうがいいと考えています。

書いたメモを見返すと、その間、新たにメモを書かなくなってしまいます。せっかくロジカル・シンキングを身につけている最中に、それではもったいない。見返す暇があったら、もっと多くのメモを書くほうがよいかと思います。

ただし、せっかく書いたので、永遠に見ないということではなく、メモを3ヵ月後に一度全部を取り出してさらっと見るのはよいでしょう。フォルダ内では新しいメモが上になっていますので、取り出して日付順にざっと並べ替え、上から1枚1～2秒で眺めていく感じです。そうすると、自分の成長の過程がはっきり見えて嬉しくなり、自信にもなります。あのときこういうことで悩んでいたんだな、ということも全部思い出し、気持ちが高ぶります。それをどう克服していったのか、どう気にしなくなっていったのかが一目瞭然です。

こうやってさらっと見た後、さらに3ヵ月後、もう一度だけ見ると、そのときは大変だと思っていた懸念の多くが解消し、やろうとしていたことのかなりが実現していることに気づくのです。

もちろん、できていないこともはっきり突きつけられますが、6ヵ月に渡って自分が気にしていたこと、関心を持っていたこと、こうしようと思うことが、目の前にはっきりと提示されますので、頭の整理がよくできると思います。

ロジカル・シンキングの最高峰「ゼロ秒思考」

時間をかければ考えが深まるわけではない

ここまで書いても、はじめはＡ４メモを１分で書くということに、抵抗を覚える方もいらっしゃるかもしれません。わずか１分で書けなどとても無理だと。いいものが書けるはずがないと。

ところが、多くの方に目の前で書いていただきましたが、実はほとんどの場合、１分でかなり書けてしまいます。最初あまり書けなかった方も、10ページほど書く間に、２行が３行に、３行が４行に、５字が10字に、10字が15字にと、書けるようになります。

マンガで謙二郎が指摘していたように、時間をかければ考えが深まるとは限らないのです。１分という制限を

設けなければ、あっという間に3分も4分も経ってしまいます。それで3倍、4倍いいものが書けるかというと、決してそうではないのです。

これは仕事で企画書や書類を書くときによく起きることです。時間がかかってしまう理由は例として次のようなものが考えられます。

- どう考えたらいいのかわからない
- もやもやして何を書いたらいいのかわからない
- 言いたいことがあるはずなのに、言葉が出てこない
- いい案を思いついたけど、それでいいのかわからない
- 上司がどういうかわからない。上司に怒られそう

しかし、こんなことでグダグダ時間を使っているのは、まったくの無駄です。頭のもやもやした悩みやアイデアを書き出せば、実はためらい、悩みなどなく、考えを引き出せるのです。考えを引き出せれば、より深めていくこともできます。

「ゼロ秒思考」の閃《ひらめ》きを身につける

また、A4メモを1分で書いていく習慣を続けていくと、もやもやを瞬時に言葉にすることができるようになっていきます。これは、ロジカル・シンキングを発揮している証拠です。

すると、かなりのスピードでものごとを考えることができるようになる。気になることもすぐ書き出せるし、どうすべきかということも、その場で瞬時に思い浮かぶようになります。

つまり、**「電光石火で考える」という、頭が切れるごく一部の人にしかできないと思われていたことが、ほぼ誰でもできるようになっていく**のです。

こうなってくると、時間がないなかでも、成果を出せるようになります。**通常は急ぐと質が落ちたり、大きなミスが起きたりし、速度とアウトプットの質は反比例するというような感覚があるかもしれませんが、むしろ逆です。**

速くなればなるほど、早く結果が出ますし、Plan（計画）、Do（実行）、Check（評価）、Act（改善）のPDCAのサイクルを多く回すことができるようになる。結果的に質が上がっていくのです。

そうすればやる気も出てきて、さらに好循環が始まります。**スピードこそが、仕事の質もやる気も連れてくる**のです。

こうなっていくと、電光石火で考えながら、課題の全体像、解決策の全体像が見えるようになります。大事な部分に焦点を当てながら、心に余裕が出てくるので、全体も見えてしまう、という状況です。

こうやってますますスピードアップしていきます。スピードアップするとともに、論理的思考がどんどんスムーズに進むようになります。

その究極は、ゼロ秒、つまり瞬時に問題点を把握し、次の瞬間には解決策が浮かぶ、という状況になること。つまり、「ゼロ秒思考」です。

優れた数学者、ニュートンなどの科学者の閃き、危険を避ける冒険家の閃き、事業のターニングポイントを見抜く偉大な経営者・リーダーの閃きは、まさにこのゼロ秒思考です。

人間にはもともと素晴らしい論理的思考力があります。しかし、自信のなさ、トラウマ体験などにより、そんなことはとてもできないと思い込んでいる人が多いのが現状です。マンガでも、謙二郎からゼロ秒思考の説明を聞いた桃子が、自信を喪失してしまう場面が

ありましたが、まさにこのような人が多いのが現状です。

そこで本書で説明するA4メモを続けてみてほしいのです。論理的思考がフルに発揮され、思考が加速していきます。ぜひ1人でも多くの人に、体験していただければと思います。

第2章

フレームワークで脳内を片づける！

「ロジカル・シンキング」を身につけ始めた桃子が次に取り組むことになったのが大型の物産展。

リーダーとなった美玲のサポート役を指名され、案を練る。謙二郎から新たに伝授されたメモ書きの応用「フレームワーク」を駆使するのだが……。

最近丸山さんいい感じだな
丸山さんが企画した健康診断付き運動会のイベント依頼も増えているらしいわよ
マスコミを呼んで大正解だったな
それに丸山さんが担当してる他の企画も評判良いし
何か大きく成長した感じするな
……
気に食わない

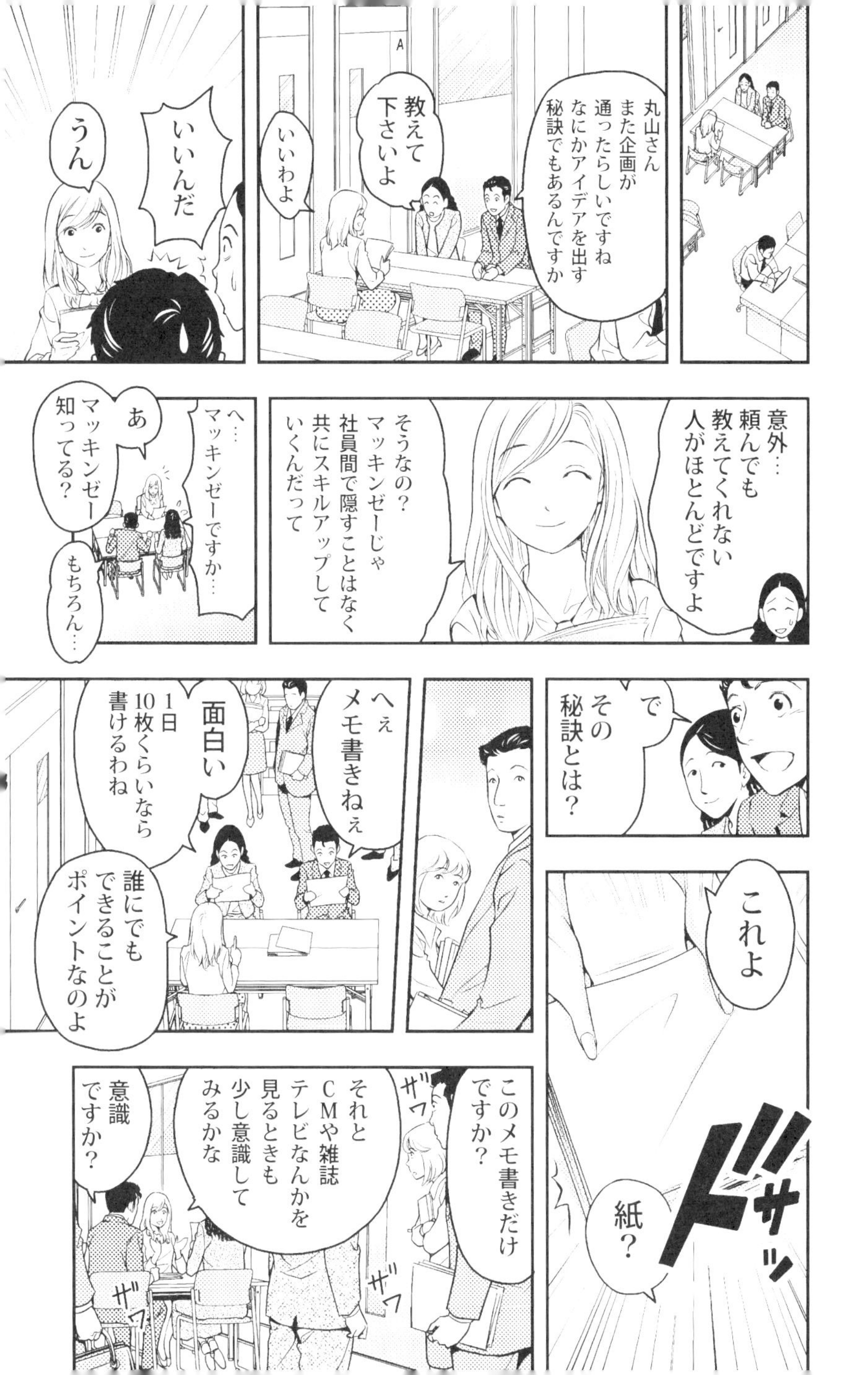
丸山さん また企画が通ったらしいですね なにかアイデアを出す秘訣でもあるんですか
教えて下さいよ
いいわよ
いいんだ
うん
意外… 頼んでも教えてくれない人がほとんどですよ
そうなの？ マッキンゼーじゃ社員間で隠すことはなく共にスキルアップしていくんだって
へ… マッキンゼーですか…
あ マッキンゼー知ってる？
もちろん…
で その秘訣とは？
へぇ メモ書きねぇ
面白い 1日10枚くらいなら書けるわね
誰にでもできることがポイントなのよ
これよ
ドサッ
紙？
このメモ書きだけですか？
それとCMや雑誌テレビなんかを見るときも少し意識してみるかな
意識ですか？
ザワ
ザワ
ザワ

電車に乗っているときは中吊り広告にも目を光らせて
ゴクゴク行こうぜ!!
ターゲットにどう訴えようとしているのか考えてみる
A
本音はどこだろう?
B
C
さらに人の話も言っていることが事実でも本音はどこにあるかを考えるようにする…とかね
なるほど
トレーニングが大切なんだよ
ガチャ
美玲ちゃんもメモ書きやってみる?
おい丸山
スッ
へ
ちょっとこい大切な話がある
え物産展ですか
大きな案件だ失敗は許されないぞ
まさか私がリーダーですか!
大丈夫です頑張ります!
は?

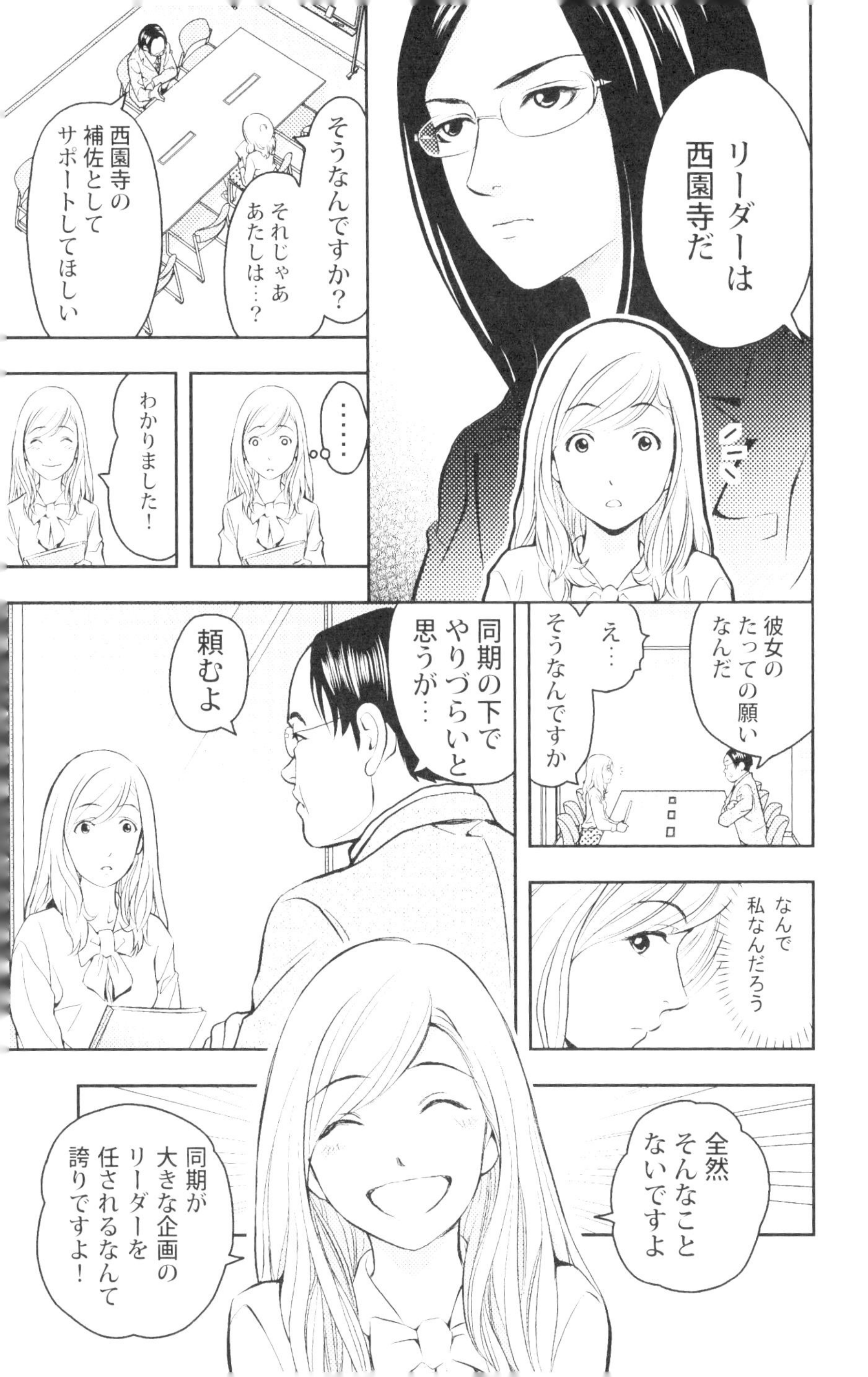
リーダーは西園寺だ
そうなんですか？
それじゃあ あたしは…？
西園寺の補佐として サポートしてほしい
……
わかりました！
彼女のたっての願いなんだ
え…
そうなんですか
同期の下でやりづらいと思うが…
頼むよ
なんで私なんだろう
全然そんなことないですよ
同期が大きな企画のリーダーを任されるなんて誇りですよ！

美玲ちゃん
推薦してくれたんだってね
よろしく
……
これが私の作った企画書よ
目を通しておいて
もうできてるんだ
さすが美玲ちゃん仕事が早いね…
……
私の期待を裏切らないでよ
え…
私に期待…？
何を…？
ね
何を

ペラッ
これまでの物産展ランキング上位を集めるか…
出店先や開催地も目星ついてるんだ完璧じゃん
まぁ目新しいわけじゃないけど確実に人を呼ぶ
いい企画じゃないけど私に期待しているって…
どういうことだろう…
私は何のための補佐なのか
カリ
カリ
一美玲ちゃんの雑用をする
一私にしかできないこと
なにか
カリ
私にしかできない
ってなにか
カリ
カリ
ぬっ
!
えること
物産展の成
可能性を

ビクッ
わぁ！
物産展 企画書
ど…
どうしたの？
物産 企画書
美玲さんのチームに丸山さんも入ったんですね
美玲さんがどういうつもりで丸山さんをキャスティングしたか私達にはわかりませんが
絶対に邪魔をしないで裏方に徹してください
もし美玲さんの足を引っ張るようなことをしたら
ぬっ
私達が許しませんよ
そんなこと言われても…

自分の意見を伝えることで物産展の成功の可能性を上げる
ってメモ書きで答えが出たんだ
後輩2人に何をされるか…
女の世界って怖いね
男のしっともこわいけど
けどちゃんとメモ書きで自分のすべきことが明確になったのは素晴らしいよ
へへ褒められた
ただ色々考えてみたんだけどこれだってものが出てこないんだよね
はぁぁ
メモ書きをはじめてまだ間もないからな深い考えまで及ばないのは仕方がない
けどちゃんとトレーニングを続けていればきっと
思わぬところでアイデアが生まれるもんだから
そんなもんかなぁ…
そんなもんでしょ
あ！謙二郎さん！

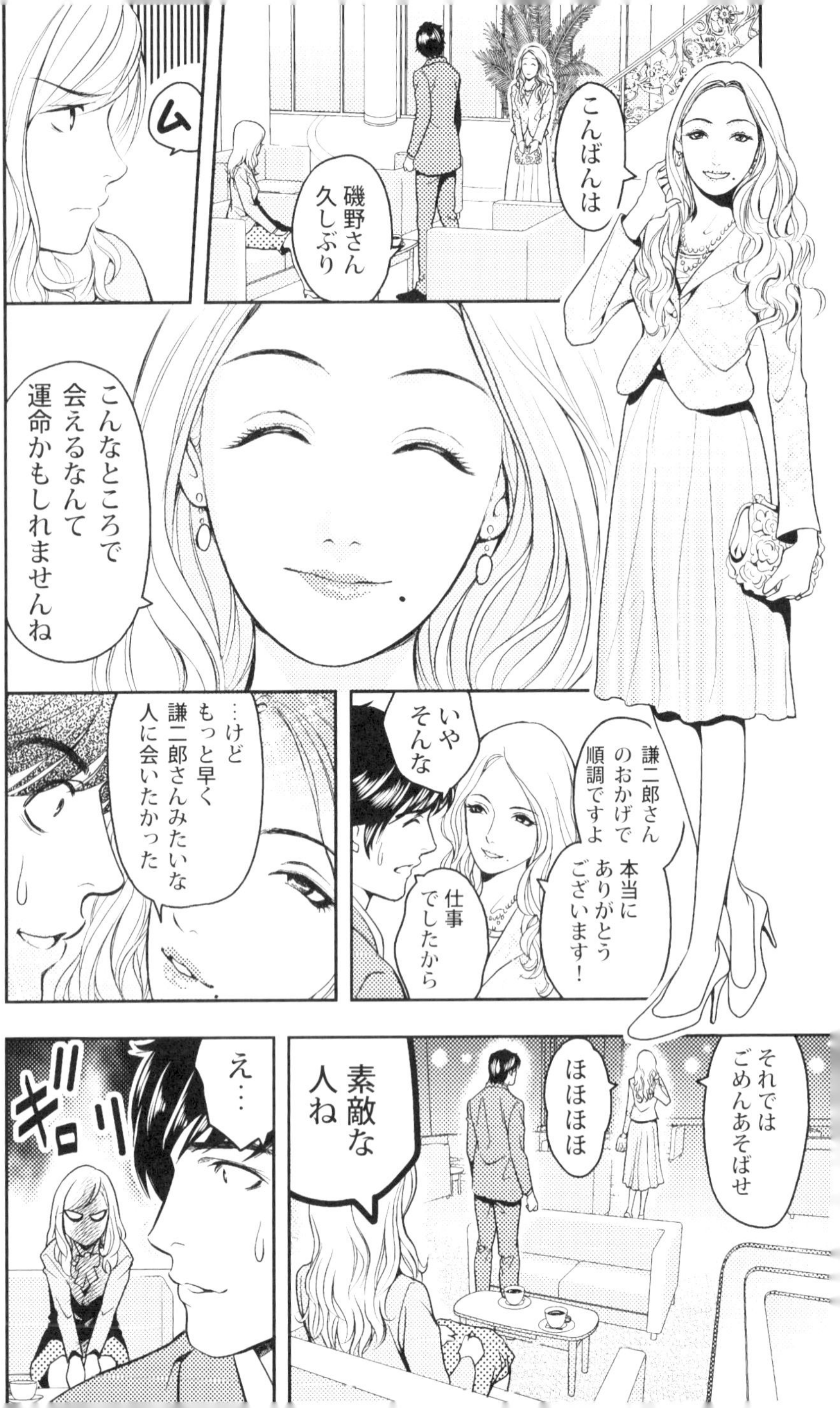
こんばんは
磯野さん久しぶり
ム
こんなところで会えるなんて運命かもしれませんね
謙二郎さんのおかげで順調ですよ
本当にありがとうございます！
いやそんな
仕事でしたから
…けどもっと早く謙二郎さんみたいな人に会いたかった
それではごめんあそばせ
ほほほほ
素敵な人ね
え…
ギロリ

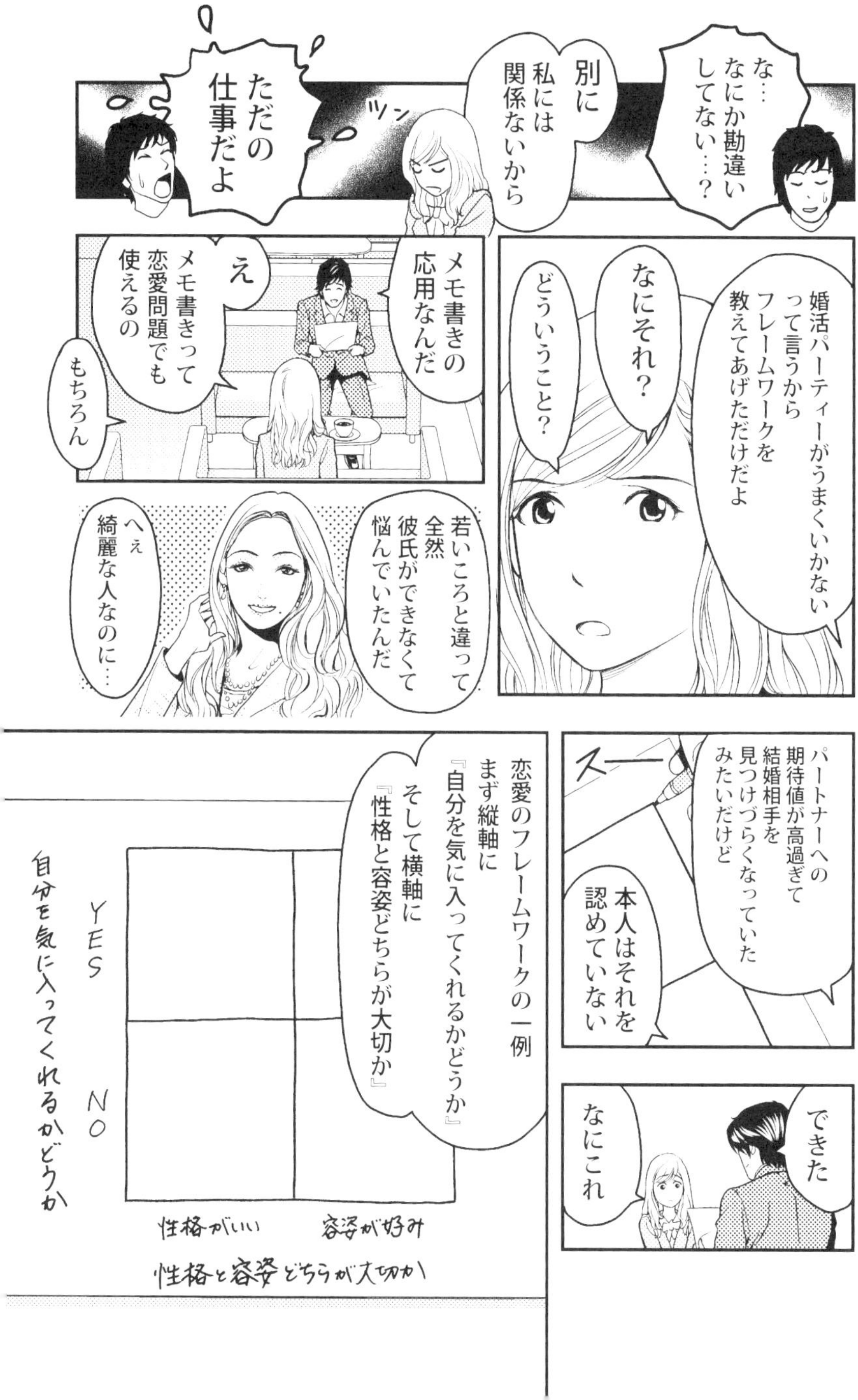
な…
なにか勘違い
してない…？
別に
私には
関係ないから
ツン
ただの
仕事だよ
婚活パーティーがうまくいかない
って言うから
フレームワークを
教えてあげただけだよ
なにそれ？
どういうこと？
メモ書きの
応用なんだ
え
メモ書きって
恋愛問題でも
使えるの
もちろん
若いころと違って
全然
彼氏ができなくて
悩んでいたんだ
へぇ
綺麗な人なのに…
パートナーへの
期待値が高過ぎて
結婚相手を
見つけづらくなっていた
みたいだけど
スー
本人はそれを
認めていない
恋愛のフレームワークの一例
まず縦軸に
『自分を気に入ってくれるかどうか』
そして横軸に
『性格と容姿どちらが大切か』
自分を気に入ってくれるかどうか
YES
NO
性格がいい
容姿が好み
性格と容姿どちらが大切か
できた
なにこれ

これで目を覚まさせたんだ
正直に答えてくださいね
容姿が自分を気に入ってくれる人って婚活パーティーにいましたか？
ほ…ほとんど…いないです
じゃあここは×ですね
性格が良くて自分を気に入ってくれない人
イケメンで自分を気に入ってくれない人は恋愛対象ですか？
どちらもイヤです
であれば冷静に考えれば
自分のことを気に入ってくれて性格が良い人を探すべきではないでしょうか
自分を気に入ってくれるかどうか
YES
NO
性格がいい
容姿が好み
性格と容姿どちらが大切か
ってアドバイスしたんだ
ガバッ
どうかした？
聞いてた？
ピンときたこの表を使えば…
カリ
カリ
なるほど

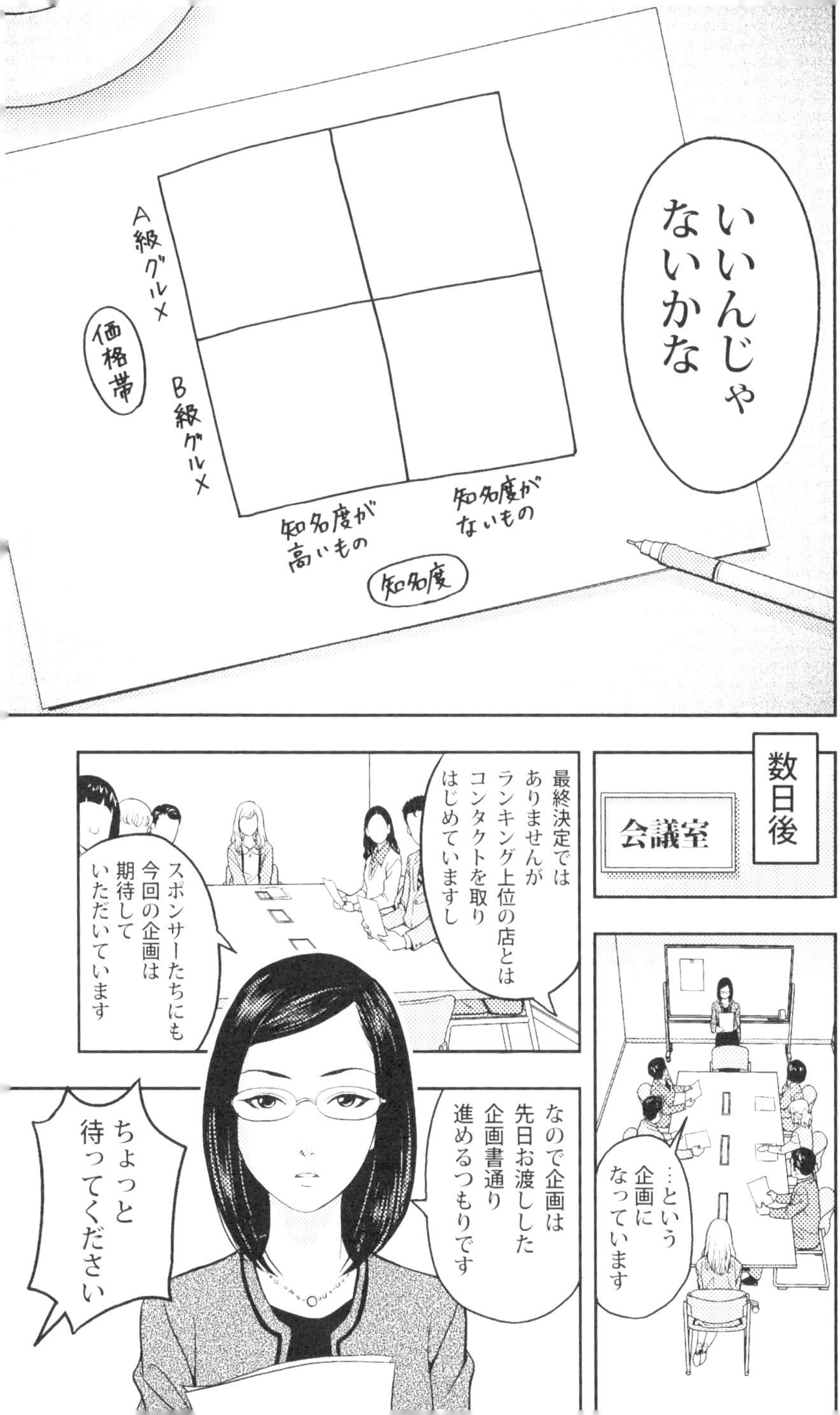

A級グルメ
価格帯
B級グルメ
知名度がないもの
知名度が高いもの
知名度
いいんじゃないかな
数日後
会議室
…という企画になっています
最終決定ではありませんがランキング上位の店とはコンタクトを取りはじめていますし
スポンサーたちにも今回の企画は期待していただいています
なので企画は先日お渡しした企画書通り進めるつもりです
ちょっと待ってください

なんですか？
意見があります
……なに
正直この企画
これまでの物産展と大して差がありません
ちょっとなんてことを言うんですか
丸山さんのくせに生意気な！
話を聞きましょう
美玲さん

どういうこと
聞かせて
物産展とは
本来
その土地にしかない
食材や料理を
集めて新しい発見を
提供するもののはず
その土地の人しか知らない
B級グルメや
知らない隠れた名品などを
再発見することを
テーマとするべきです
人気の商品を
集めた
この企画には
現地に住む人の
息吹が
欠けていると
思うんです
確かに
そうだけど…
現実を
考えたら…
……
そうよ
それじゃあ
人が集まら
ないでしょ！
だいたい
新しいことを
やろうとすれば
リサーチが
必要となります
人もお金もないのに
どうやって
見つけ出すんですか
簡単に
情報を得る
方法があるんです
え

この表を使います
A級グルメ
B級グルメ
価格帯
知名度が高いもの
知名度がないもの
知名度
ザワ
なに？
表？
ザワ
ザワ
配ります
縦軸を価格帯
A級グルメ
B級グルメ
A級グルメ
価格帯
B級グル
横軸を
知名度が高いもの
知名度がないもの
知名度が
ないもの
知名度が
高いもの
知名度
この表を
各自治体に送って
埋めてもらいます
!
なるほど
この1枚で
わざわざリサーチ
しなくても
各自治体の人たちが
発見してくれるわけか…
自分の土地のものを
売り込めるんだ
必死に集めてくるだろう
再発見はもちろん
有名ドコロも
押さえられるな
A級B級に
分けられているから
幅も広がるね
…
これ
あなたが
考えたの？
ええ

それじゃあ
後は任せたわ
丸山さん
え
会議を
終わります
おわり
おわり
美玲さんが
一生懸命考えた企画を
一蹴するなんて
サイテーです
へ
丸山さん
あなた補佐ですよね
私たちはあなたを
認めませんから
じゃあ
私たちも…
目を
付けられるの
嫌なんで…
バタン
そんな…
嘘でしょ

電車内広告で鍛えられる論理的思考

広告は訴求できているのか？

では、どうやってこのような素晴らしい論理的思考を身につけることができるでしょうか。何度も繰り返しますが、誰でも論理的思考力が備わっています。しかし、ほとんどの人が、十分に発揮できていないか、それを鍛えられていません。

自分で鍛えるには、前章で書いた通り、毎日10〜20ページメモを書くのが、いちばん簡単ですが、ここでは、簡単にできる別のやり方を1つ紹介しましょう。

それは、**電車内の広告を使う方法**です。

まず、広告を見たら次のようなものを考えます。

・この製品のターゲット顧客（ユーザー）は誰か。年齢、どういう消費者のタイプか？

・一番の訴求ポイントは何か？　それに成功しているか？
・成功していないとしたらどこが不十分なのか？
・自分だったらこの広告をどう変えるか？

とくに自分が関心を持っている分野の広告だと、本当に訴求できているのか、より突っ込んだ比較ができ、論理的思考を鍛える練習になります。

たとえば、英語に関心がある場合、次ページの広告⑤のような英会話教室の電車内広告があったとします。

これを見たとき、以下のように考えます。

・ターゲット顧客：ＴＯＥＩＣの点数を４５０〜５５０点から７００点以上に上げなければならない一般会社員ではないか。５５０点というと、英語への苦手意識が非常に強く、英文を読むスピードも遅い。最後まで解答できずに時間切れになることが多いレベル。関心を持つのは25〜45歳で、男女比は仮に7対3としておこう。

広告⑤

TOEIC
730点
↑
550点
英会話
TOP
TOEIC テストで得点アップを狙うなら英会話 TOP で

（写真）shutterstock

・一番の訴求ポイント：ＴＯＥＩＣの点数が２００点近く上がる（かもしれない）
・訴求に成功しているか：あまり成功しているとはいいがたいのではないか。笑っている女性の顔が大写しになっている点と、５５０➘７３０の点の数字のみが目立っている。一瞬だけ目をひくものの、なぜ点数が上がるのかは何も説明していないので、実は説得力がない。申し込もうという気にまではならない。
・どこが不十分なのか：なぜＴＯＥＩＣの点数が上がるのか、説明がない。英語への苦手意識をどう払拭できるのかも説明がない。
・広告をどう変えるか：ターゲット顧客は25～45歳、男女比が7対3であれば、ＴＯＥＩＣの点数を７００点以上にしたい会社員に対して、「こういう新しいやり方でＴＯＥＩＣの点数が上がる、そういう具体的な方法を教えてくれる」「英語への苦手意識がここに行くとなくなりそう」「しかも、最後まで続けられそう」という3点を訴求した広告に変える。

こういった方法で論理的思考を鍛えていきます。すると、物事の推論もできるようになり、人がなぜある行動をするのか、ということも想像できるようになる、といったメリットもあります。

理由は必ず3つ挙げる

自分の意見の根拠が薄弱なことに気づける

論理的思考を鍛えるうえで、もう1つお勧めの方法があります。それは、こうしようと思うときに、**理由を必ず3つ挙げ、それを説明すること**です。

実はこの方法は、マッキンゼーのような世界トップの経営コンサルティング会社でも奨励されています。「理由は必ず3ついいなさい」、これが入社された新人コンサルタントにまず教えられることです。日本語でも英語でも同じです。

理由を3ついおうとすると、**検討そのものが深くなり、いわゆる論理的思考が徹底されます**。逆にいえば、適当な思いつきだと理由を3つ考えることができません。「こういうことだからこうだ」と1つまではいえますが、ちょっと突っ込まれたり鋭い質問をされたら、返せなくなってしまいます。**論理的思考が不十分な人は、そもそも自問自答ができな**

い、あるいはその習慣がないため、根拠が薄弱だということに自分では気づいていないのですが、それに気づくきっかけにもなるのです。

理由を3つ考える習慣を身につけていれば、理由の弱さから自分でも最初に思いついた案が必ずしもベストではないと気づき、もう少しこうしよう、ああしようと考えたり、第2、第3の案を考えるようになります。

マンガの第1章では、桃子が「これまでにない懇親会をやりたい」というクライアントからの依頼に対して、ネットニュースで見た記事に影響され、ドミノ大会をすることを思いつきます。しかし、美玲からも指摘されたように、これは「考えが浅い」ことでした。

もし、同じようなことを論理的思考ができる人が依頼されたら、まずはクライアントの意図をしっかりと把握します。

・創立40周年記念として、話題になるイベントをしたいのか
・これまでは飲み会をしていたがいまいち評判がよくない。それを変えたいのか

・社員が増えてきていて、社員間の交流が浅くなっている。それを変えたいのか
・人事制度を変え、意識・行動改革を進めたいので、その景気づけにしたいのか

1つではなく、複数ある場合もあります。複数の場合は、どの項目がどのくらい重要なのかも把握します。マンガでは結果的に、健康診断を兼ねた運動会をする案になりました。

3つの理由の言い方

マンガでは触れませんでしたが、ではこの企画にした理由を3つ考え、うまく説明するとどうなるでしょうか。たとえば次のようなものになります。

「このイベントがよいとする理由は、3つあります。

第一は、企画の新鮮さと話題性があること。近年、社内運動会を開くのが密かなブームです。本企画は、そこに、健康志向の高まり、ということに着目し、簡易な健康診断も兼ねてしまうというもの。クライアントにも新鮮味を感じていただけると思いますし、マスコミにも取り上げてもらえるチャンスが増えると考えています。

第二に、健康的で活力ある社員が増えることが期待できます。社員に運動するきっかけと、健康管理への意識を高めてもらえることが期待できるからです。

第三に、予算もリーズナブルです。場所の確保や運動器具については、日頃取引しているB社が特別価格で手配してくれます。健康診断を兼ねても、予算枠内で収まります」

ここまで説明すると、上司あるいはクライアントにもあまり突っ込まれません。マンガの桃子のように、信頼され、任されることも増えていきます。

理由を3つ挙げることを習慣化するメリットは、以下の3つ。

- 論理的思考が自然に身につく
- 自分の意見に対して自信を持てる
- 論理的思考をしている、安心して任せられると周りから思われる

一つひとつの理由がやや弱く決定打に欠けることもありますが、3つの理由を聞くと、相手も「なるほどそうだな」と思いやすいということもあります。

マトリックスで頭を整理する

初めてでも使える「マトリックス」

論理的思考を深めるには、「フレームワーク」（考えの整理の仕方）を使うと、頭を整理しやすくなります。フレームワークという言葉は一度は聞いたことがある人も多いと思いますが、実際うまく使いこなせている人はほとんどいません。フレームワークをきっちり使いこなせるようにすると、論理的思考の点でも有利ですし、説得力を増します。

もっとも基本となるフレームワークは、116ページのマトリックス⑥のように2×2のもの。このフレームワークは「マトリックス（マトリクス）」と呼ばれます。

縦軸と横軸には、整理するうえで最も重要だと考える2つの項目を選びます。この2つは、独立したものを選ぶことがポイントです。色々な軸を選べますが、その時の目的にもっとも沿った軸を考え、決定する必要があります。

この枠組みで、整理したい項目を記入していきます。このマトリックスでは、右上は「重要性大、緊急性大」のもの、左上は「重要性中、緊急性大」のもの、右下は「重要性大、緊急性中」のもの、左下は「重要性中、緊急性中」のものを書き込みます。

するとマトリックス⑦のような形になるのではないでしょうか。こうすると、**論理的思考を徹底できるので、優先順位に沿ってあわてず、また抜けも漏れもなく行動することができます**。

縦軸と横軸に何を入れるかがポイント

同じようなマトリックスを「婚活の相手選び」に使ってみましょう。

マトリックス⑧はマンガで謙二郎が解説したものを参考にし、さらにブラッシュアップしたものです。何を縦軸と横軸に選ぶかが重要で、自分の価値観をうまく反映できれば役立ちます。適当に、形式的に軸を選んでもうまく使えないのです。

これは、婚活の相手として何人かの候補を考え絞りこむ際に、「自分は相手の何を気にいったか」「相手が自分をどのくらい気にいってくれるか」で判断するという考え方で作

マトリックス⑥

仕事の優先順位

緊急性 ＼ 重要性	中	大
大		
中		

マトリックス⑦

仕事の優先順位

緊急性 ＼ 重要性	中	大
大	明日訪問する営業先に持っていくお土産を買う	明日に初訪問する新規お客への営業資料作り
中	営業チーム内の懇親会の場所を確保	成績をあげるための営業ルートの抜本的改革をする

マトリックス⑧

婚活の相手選びのフレームワーク

自分を気にいってくれるかどうか ＼ 自分は何を気にいったか	性格がいい	容姿が好み
非常に	上野さん	青柳さん
ある程度は	遠藤さん	石原さん

マトリックス⑨

婚活の相手選びのフレームワーク

ルックス ＼ 年収	低め	いい
いい	栗本さん	金沢さん
今ひとつ	毛塚さん	木下さん

成したフレームワークです。ここに出てこない家柄・家族、職業、年収などに関しては一応及第点だとしていますが、たとえば結婚相手には年収とルックスだけを軸として選ぶとなると、マトリックス⑨のようなものになります。

マトリックス⑧がいいと思われる理由を3つ挙げてみましょう。

・容姿はもちろん大事。ただ結婚相手としてはそれだけではないと気づかせる
・こちらの好みはともかく、相手にどう思われたかを判断に入れている
・書き込むことで、パートナーへの期待値がこれまで高過ぎたことを気づかせてくれる

ちなみに⑨の場合は、絞り込むのは簡単にできそうですが、それでは年収が高く、ルックスがいい人がいい、となるだけであまり役に立ちません。

ただし、結婚相手を選ぶための軸は他にもあるでしょうから、ご自身の価値観に合わせて修正してみてください。マトリックスは、初めてでも、かなり使いやすいフレームワークとなることを実感していただけると思います。

マトリックスを深く理解する

マトリックスのポイントは軸の選び方

フレームワークについて、もう少し見ていきましょう。

フレームワークの基本、2×2のマトリックスを活用するうえでもっとも大切なのは、対象をどういう基準で整理し、優先順位をつけるかです。仕事上考えられるものとしては、次のようなものがあります。

- ・業務の優先順位づけ
- ・事業の競争優位性整理
- ・製品・市場の優先順位づけ
- ・顧客の整理
- ・品質問題の整理
- ・顧客クレームの分類

・社員のスキル、モチベーションアップ

この場合、それぞれ縦軸、横軸は多種多様に考えられます。そのなかでもっとも役立つ2軸をいかに素早く見つけ出し、実際に整理し、必要なアクションを効果的に取るかで大きく差がつきます。

世の中に出ている多くの戦略本には、1冊に多数のフレームワークが紹介されています。しかし、フォーマットだけ覚えたところでまったく役に立ちません。

それよりも、**今自分が抱えている課題について考え、それを整理するために、2×2のマトリックスを自分のものとするところから始めるほうが、身につきます**。論理的思考の強化という意味では、そのほうが近道なのです。

私がマトリックスなどのフレームワークを使ったのはマッキンゼーに入社してからですが、大変苦手でした。当然、先輩が作成する報告書にはかっこいいマトリックスがうまく使われています。ただ、新米の私がいくらチャレンジしても、そういったマトリックスはほとんど報告書に採用されることがありませんでした。

採用されなければ、どこまで有用なフレームワークかわかりませんし、スキルもモチベーションも上がりません。何度か、フレームワークの例を多数集めて眺めたりもしましたが、どうもそれだけでは変化がありません。

そこで私が出した結論が、「正式な報告書作成以外に、加速練習をするしかない」というものでした。図表⑩を見てください。**A4用紙に2×2のマトリックスの枠組みだけ6個並べ、50枚ほど印刷して毎日1枚、6個ずつ「マトリックス作成練習」をすることにした**のです。

これにより、短期間のうちに2×2マトリックスを使えるようになりました。**整理するうえで最も重要だと考える2つの項目をまず考え、いったん記入してから有用性を確認し、バランスを取る、という方法**です。

マトリックスの2軸の選択は、多種多様。そのなかから最適な軸をいかに早く見つけるかが重要で、書き慣れてベストなものを選ぶしかありません。

書き慣れるには時間がかかるので、それを加速するため、毎日6個の2×2のマトリックス作成のうち、1つの課題で3つ、もう1つの課題で3つ書くことにしました。そうすると、どういう軸の選び方がしっくりくるか肌感覚でわかるようになりました。もちろん、

図表⑩

2×2マトリックス作成練習（毎日6個）

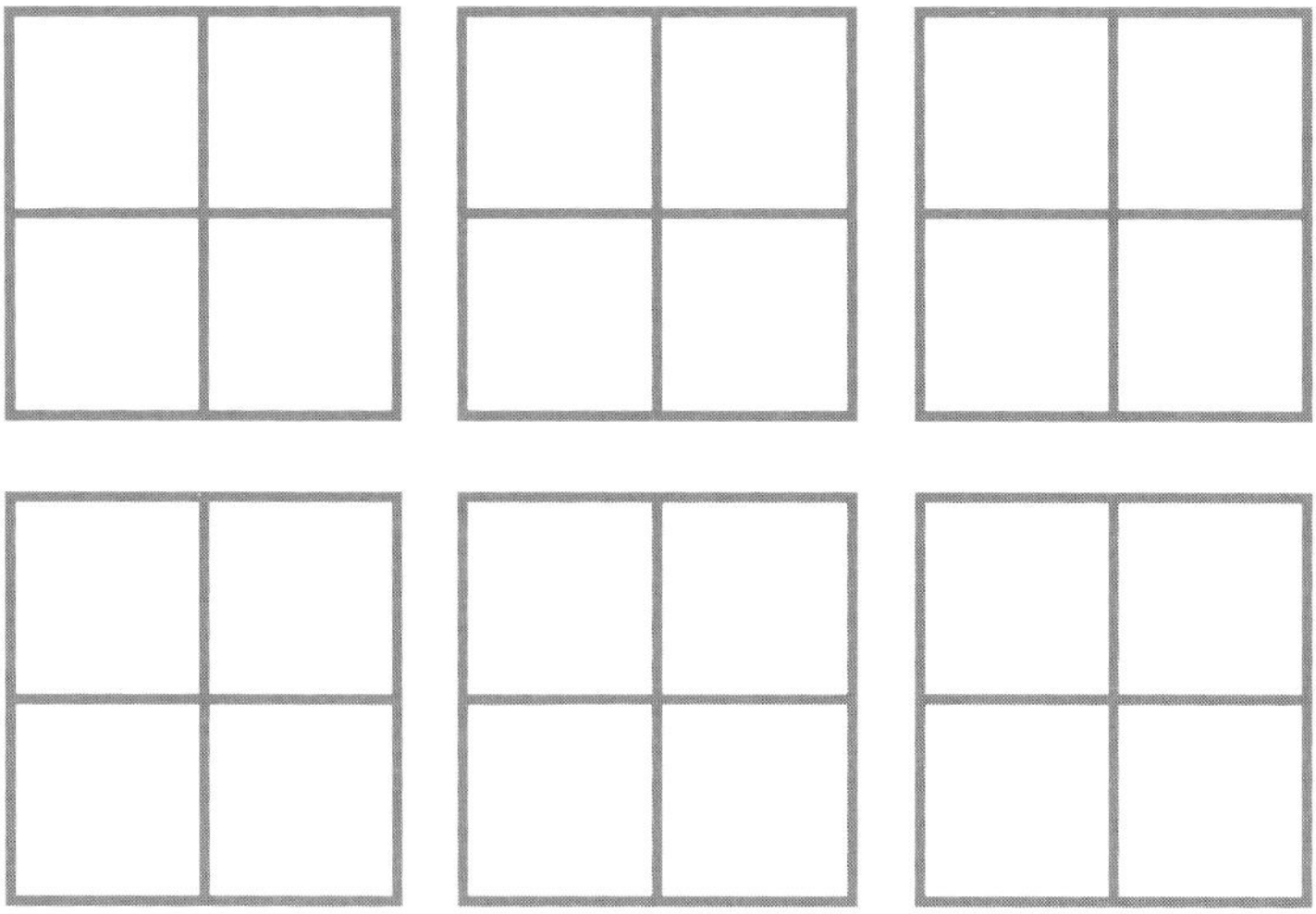

マトリックスへの苦手意識もなくなりました。

２×２のマトリックスに慣れた後は、３×３マトリックス、あるいは２×３マトリックス、３×２マトリックスなど、色々なマトリックスに広げていくこともできます。

覚えておきたいフレームワーク

マトリックス以外のフレームワーク

また、フレームワークはこういったマトリックス以外にも、124〜125ページの図表⑪のように色々な種類のものがあります。本書では紙幅の関係もあり、多くを語りませんが、マトリックスを使いこなせたら、それ以外のフレームワークにも使い慣れていってください。

フレームワークを作成し、活用する上での注意点を何点か整理します。

- ・フレームワークは物事を整理するもので、論理的思考のベースとなる
- ・フレームワークを作成する際は、軸の選び方が重要で、それ次第でよくも悪くもなる。軸の選びかたは千差万別
- ・軸が少しでも心にひっかかったときは、何かがおかしいので吟味し直す

・枠内に記入する内容は、必ず同一基準で表現し、レベル合わせをする
・フレームワークは作成後、翌朝改めて見るなど、冷静な目で再吟味する
・フレームワークは相手に説明すると粗《あら》が一気に見えるので、徹底的に修正する
・フレームワークは物事を整理するのには最適。ただ、プレゼンの際、意外に話についてこれないクライアント、上司も多いので、ゆっくり丁寧に説明することを心がける

フレームワークを自由自在に使いこなすと仕事が効果的に進みます。もちろん、恋愛、婚活、住まい選び等、プライベートでも抜群の力を発揮します。論理的思考を発展させるためにもぜひチャレンジしてみてください。

ビジネスシステム

プロジェクトステップの例

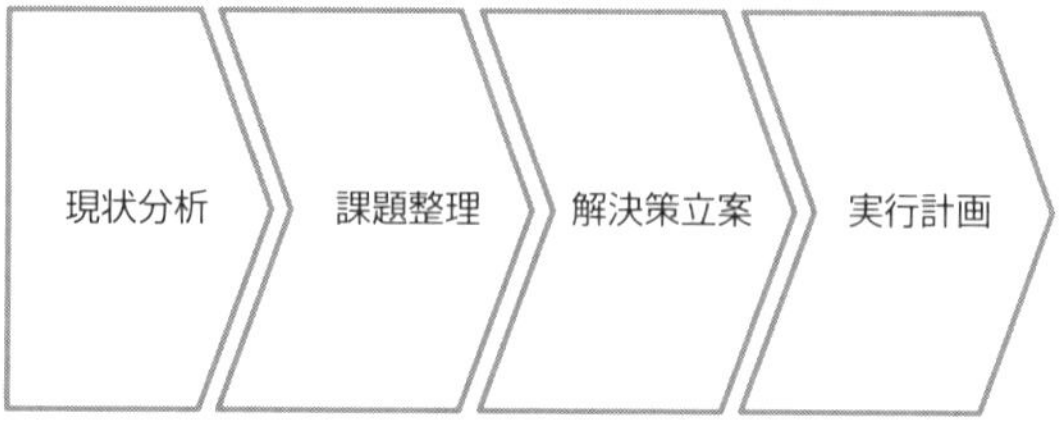

（解説）

プロジェクト進行のステップ、業務の流れなどを説明する際に利用できるフレームワークです。現状分析 → 課題整理 → 解決策の立案 → 実行などが一般的で、業務の流れですと、商品企画 → 商品設計 →開発 → 調達 → 生産 → 販売 → アフターサービス、などになります。

基本的には時間軸で何段階かに分けて表現すれば、社内、社外問わず、誰に対してでもわかりやすく伝わります。活用する時の注意点としては、各ステップをうまく切り分け、前後で行ったり来たりしないように表現することです。

相互に関連する構成要素

人事関連の例

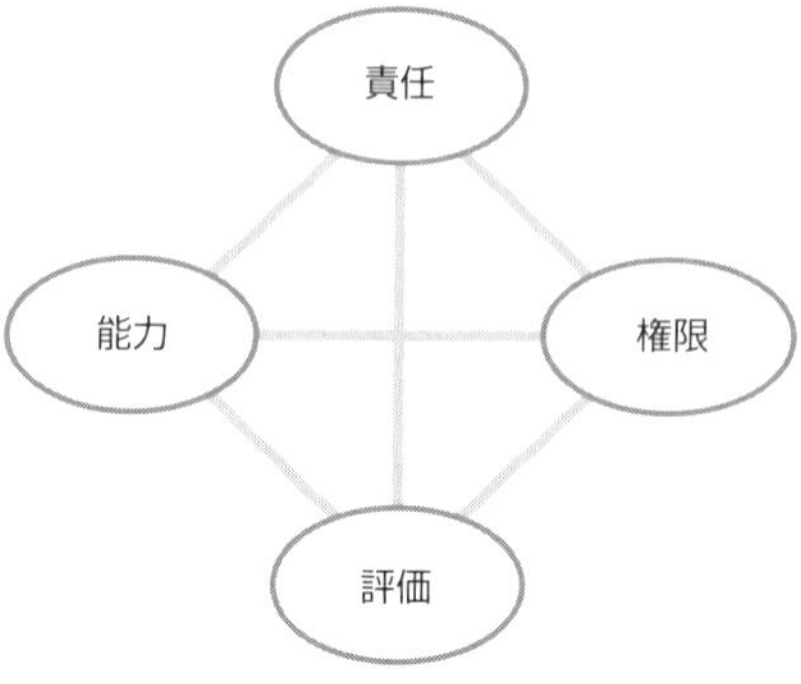

（解説）

たとえば、人事の課題に関して、責任、権限、評価、能力など相互に関連する要素を整理する必要があることが起きます。そういう際にこのフレームワークを使用すると、全体像、重要な要素を他者と共有しながら、個別の課題も議論することができるようになります。

図表⑪

相互の因果関係

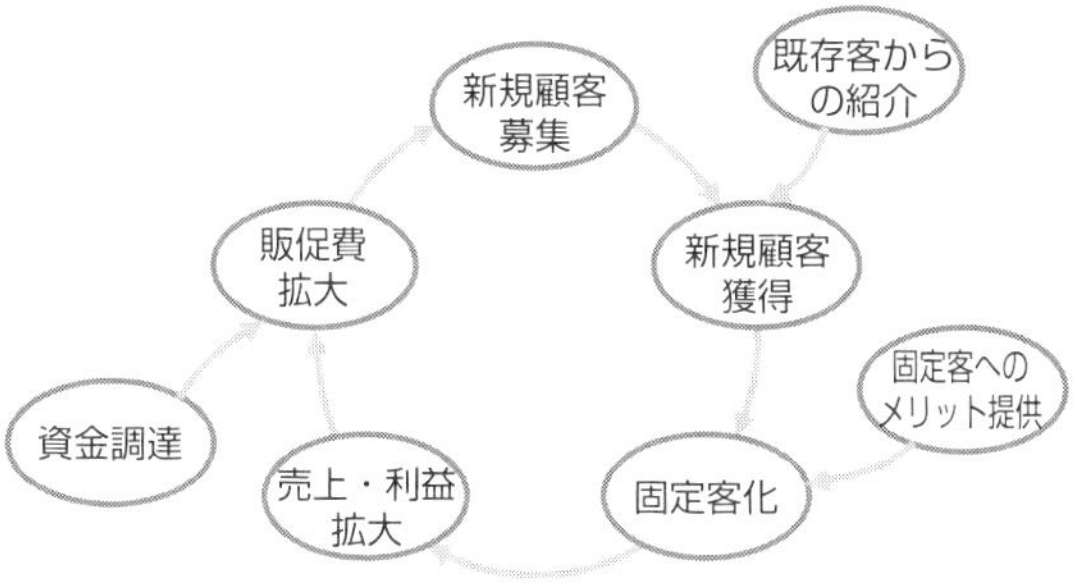
新規顧客
募集
既存客から
の紹介
販促費
拡大
新規顧客
獲得
固定客への
メリット提供
資金調達
売上・利益
拡大
固定客化

（解説）

「風が吹けば桶屋が儲かる」という言葉がありますが、まさにそれです。原因と結果を順に並べていく際に利用できるフレームワークです。商品・サービスへのユーザー獲得や、品質問題の発生原因等をこれで整理するとわかりやすくなります。

FAW（フォーシズ・アット・ワーク）

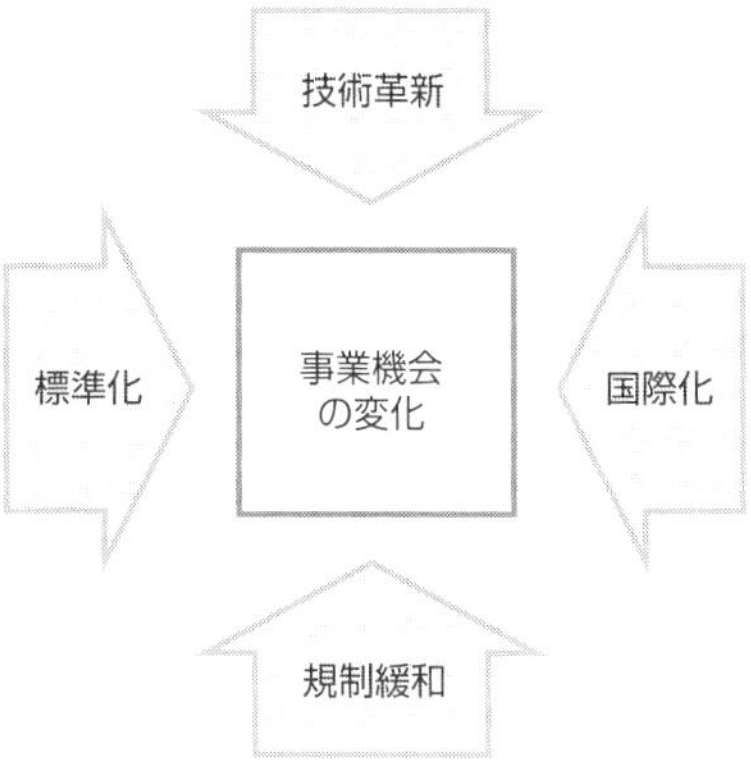
技術革新
標準化
事業機会
の変化
国際化
規制緩和

（解説）

事業機会の変化、ユーザー行動の変化、市場動向の変化等に対して、どういう力が働いているのか、どういう力の関係で決まっていくのかを整理し、表現するときに利用できるフレームワークです。

ランキング至上主義はなぜダメなのか？

ロジカル・シンキングはクリエイティブに役立つ

美玲が当初提案した、人気ものの上位ばかりを並べた物産展。この案は、大規模な失敗はしないということで、決して悪い案ではありません。

しかし、人気という事実のみを元にしている案は、誰もが思いつく凡庸《ぼんよう》なものになってしまいがちです。大きな成功は導けません。

したがって、もう少しひねった、新しい視点、クリエイティブな観点がどうしても必要になっていきます。

こういったときにこそ、ロジカル・シンキングが役に立つのです。

ロジカル・シンキング、すなわち論理的思考をするというと、イメージだけで、「なんだかクリエイティブではないのでは？」と思われてしまうことがありますが、これは誤解です。

ロジカル・シンキングというのは、難しい話ではなく、相手に「なるほど！」と思ってもらえる内容、説明だということをこれまで何度もご説明しました。

「なるほど！　その手があったか！」

そう思われるとき、ロジカル・シンキングにより素晴らしい案が生まれたのです。

つまり、相手がまだ気がついていない、もしくは気づいているが言語化したり意識するまでには至っていないというような、独創的かつ、素晴らしいと思うものを作り出すためにこそ、ロジカル・シン

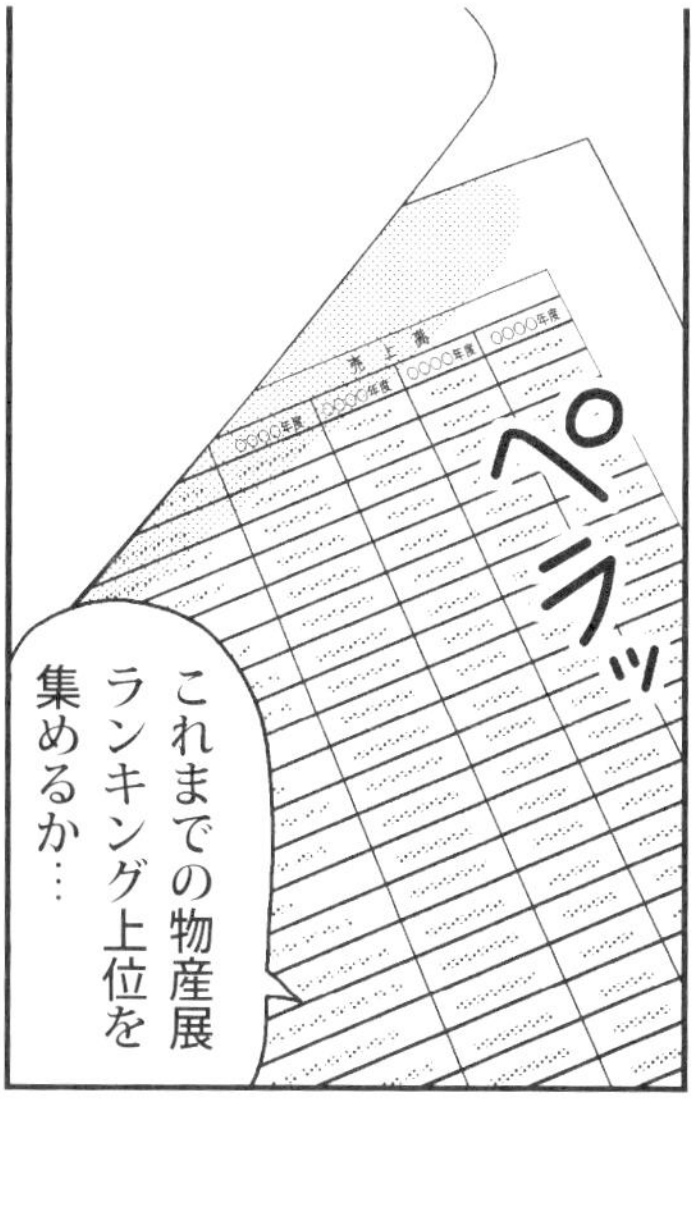
ペラッ
これまでの物産展ランキング上位を集めるか…

これまでの物産展と大して差がありません

キングを発揮すべきなのです。

ロジカル・シンキングとクリエイティビティについては、次章でも詳しく説明していきます。

第3章

ロジカル・シンキングで思考を加速する

動き出した大型物産展の企画。

しかし、思うように同僚から協力を得られない桃子は、四苦八苦する。

そんななか「ロジカル・シンキング」を駆使すれば、人間関係もよくなることを教わる。

同期でライバルの美玲に思いをぶつけてみると……。

福井県
若狭おばま鯖おでん
島根県
赤天
愛媛県
八幡浜ちゃんぽん
富山県
とろろ昆布おにぎり
新潟県
イタリアン焼きそば
見たことない食べ物ばかりだ…
さすがB級グルメの誰も知られていない欄の料理は面白いなぁ
丸山さん
最新の店舗リスト持ってきて

はい
スタ…
行方バーガー
茨城
秋田
みかん鍋
山口県
オオグソクムシ せんべい
これが 出店一覧と 特産品の リストです
ありがとう
会場は 以前の企画書のままで 決定でいいですか？
ああ それなんだけど…
やめた
え…
あなたの企画を信じて もうひと回り 大きなところを おさえることにしたわ
ええ

野々木公園
そんな大きなところ…
もし人が来なかったら…
スポンサーからの信頼はガタ落ちね
広っ!!
あなたには今後は沢山の権限を渡すから責任を持ってやるように
頼んだわよ
は…はい…
ニヤ
ニヤ
行っていいよ
美玲さんってすごいわね
丸山さんにどんどん仕事を押しつけているみたい
トボ
トボ
そりゃそうでしょ
あんだけ大口叩いて企画を奪い取ったんだもん
へへへ…
フフフ!!
責任取らせなきゃね
いい気味よ

はぁ〜…
あの…
有馬くん
どうかした?
物産展の宣材写真結構パンチ強いの多いですね
まだまだ知らない料理があるもんだよね
実はさっき このキモカワグルメを うまく使えないかと この前丸山さんに 教えてもらった メモ書きしてみたんです
えっ⁉
見てください
こんなに
ドサッ
20XX.X.XX
B級グルメを知ってもらうには
-ネットを使う
-広報業務を強化
-特報サイトを作る
ネットか…
そうです!
○○物産展
物産展って年配の方メインだから どうしても広告がチラシや新聞広告などが中心になってしまっていました
けどネットを活用することで若者を呼び込んでみたらどうかと思うんです

ある物産展のデータでは60代が30％
50代・40代がそれぞれ20％だそうです
60代 30%
50代 20%
40代 20%
その他 30%
そっか 新しい層の開拓なんて考えてもみなかった…
たしかに 若い層が来るようになれば 会場が広くなっても大丈夫じゃん
若者を呼び込むには キモカワのB級グルメはもってこいです
ちなみに ネットを使うって何をするの？
やっぱり リスティング広告とか メルマガとか アフィリエイト広告ですかね
それだと 予算がかかるから だめ
え…
けど… 広告にお金がかかるのは仕方がないですよ
ドン
サッ
こういう時こそ メモ書きでしょ
予算をかけないで 若者にアプローチするか
どうですか？
う…ん
カリ カリ カリ カリ カリ
若い人たちに 広告塔になってもらうのは どうかな
え…？

SNSってラーメンやお肉の写真が載ってるわよね
ああ食レポですね 僕もよく載せますよ
なんで?
だって美味しい食べ物を食べたと知ってもらいたいから
!
なるほど!ツイッターやフェイスブックで紹介してもらえば無料で情報を拡散してくれるんですね
その通り
そういえばキモカワなダイオウグソクムシもSNSなどで火がつき若者が集まるネコネコ超会議の展示の時は人が溢れる結果になりましたね
まだまだ色々できるかも
カリカリ
カリカリ
カリ カリ
え
キモカワグルメを早い段階で試食してもらってSNSにあげてもらいましょう
シェアしてもらえばより拡散するわね
それに有名人や著名人にもボランティアで参加してもらえるといいわね
各市区町村にツイッターでどこまで拡散させられるか勝負させるのもありかも
できればまとめサイトとかにとりあげられてほしいわね
…
凄い…
アイデアがドンドン出てきますね
使えるか使えないかは関係なくとにかくアイデアを出すことが大切なの

有馬くんがネットというヒントをくれたから新しいアイデアが生まれたのよ
やっぱり人が増えれば新しいアイデアが生まれるわね
そうですね
これなら3Cで照らし合わせても他社と差別化されると思います
3Cって何？
え…知らないんですか
3Cとは事業環境を分析するためのフレームワークです
Customer（市場・お客）
Competitor（競合）
Company（自社）
以上の3つの点から自社を分析するんです
へえ
はじめてきいた…
実際やってみますね
カリ カリ カリ カリ
はい
わっ！
ひゃあすごい
市場・顧客（Customer）
ー物産展のお客は40代以上の女性（メインは60代の女性）
ー多いところで1日2万人の来場客がある
ーいちばん人気があるのは北海道物産展
ー過剰に開かれている状態で、供給過多になりつつある
競合（Competitor）
ー当日は近隣で定例の物産展が開かれる
ーライバルが開く物産展は、客はいまだに多いもののマンネリ気味
ーライバル社の物産展は来場者が1年で1割減少
ーネット通販の台頭
自社（Company）
ー今回の企画のコンセプトの1つに、若者が行きたくなるような「キモい」「カワイイ」を入れる
ー今回の企画は、定番商品の隣に知られていない商品を並べるなどして、これまでの物産展と違ったアプローチができる
これまでの顧客層に加えて新規顧客層を呼び込む企画ができるしさらに従来の物産展に飽きている旧来の顧客層も取り込めるこれは十分強みになっています
なるほどね

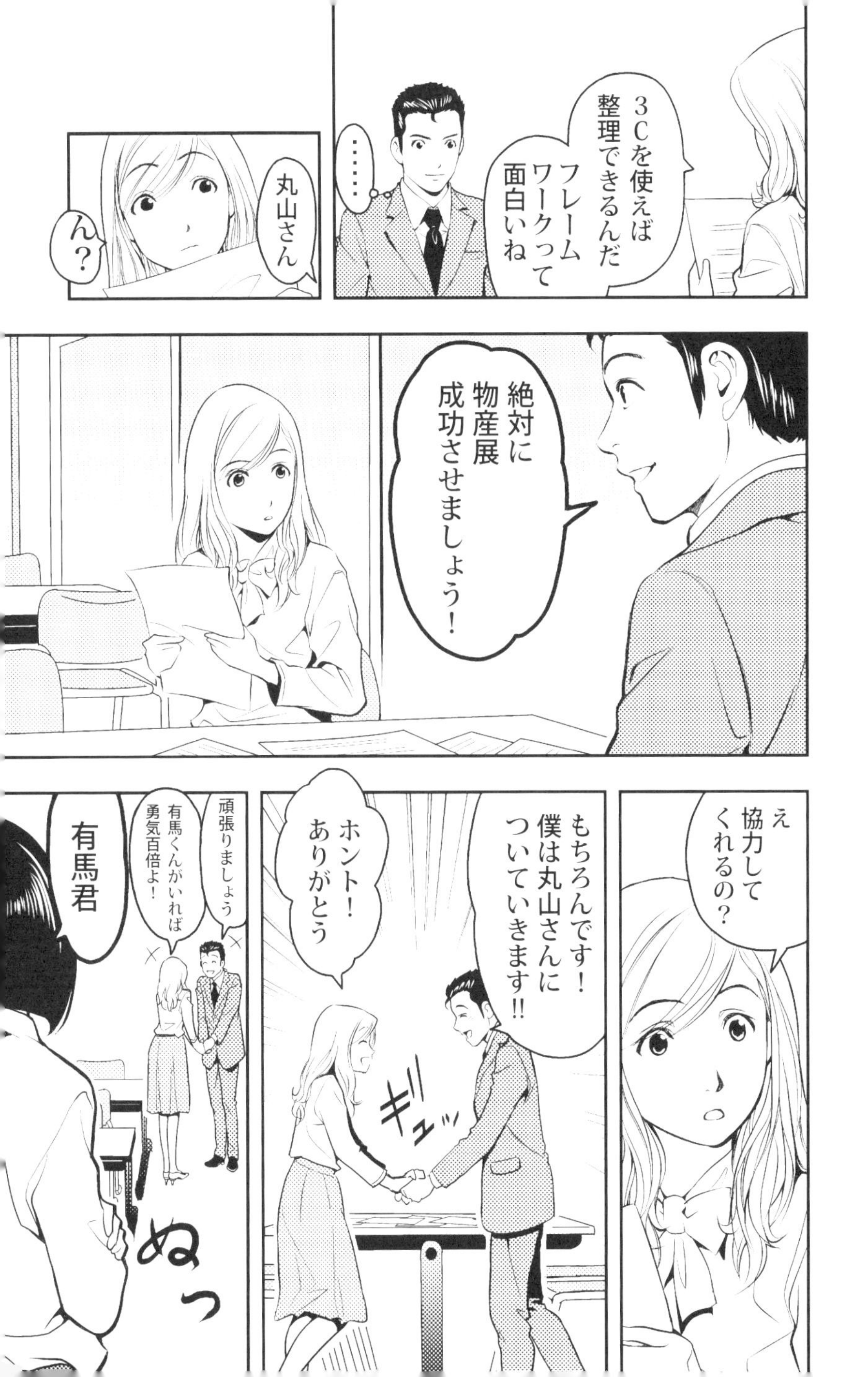
3Cを使えば整理できるんだ
フレームワークって面白いね
……
丸山さん
ん？
絶対に物産展成功させましょう！
え 協力してくれるの？
もちろんです！僕は丸山さんについていきます!!
ホント！ありがとう
ギュッ
頑張りましょう
有馬くんがいれば勇気百倍よ！
有馬君
ぬっ

ちょっと
やってほしいことが
あるんだけど
え…
でも
なにか？
スッ
大丈夫です
すみません
ホホホホ
ポツーン
う…ん
まずい
ゴロ
ゴロ

数日後
疲れたぁ
顔色悪いね
仕事きつそう
みんな積極的に手伝ってくれないから
え…？
大阪の参加店からお電話です
いつになったら詳細送られてくるねん
頼むでホンマ
す…すみません
秋田の参加店からお電話です
早ぐ決めてもらわねどアルバイトの手配とかでぎねんだってばって
ペこっ
ペこっ
まだわからないのでわかり次第ご連絡差し上げます
沖縄の参加店からお電話です
うぬ冷蔵庫ちゃっさなーかんかいいーがや
？
？
？
あ…？
え…？

それ1人でやる仕事なの?
ホホホホホホ
人間関係が複雑なんです
人間関係もメモ書きで本質を探ればきっと解決の糸口が見えてくるよ
なるほど…今度やってみよう
ムクッ
ところでマッキンゼーってコンサルティングしてる会社なんでしょ?
沢山の参加店があるからそれぞれ別々の要求をしてくるのよ
例えば?
アルバイトはどうやって雇えばいいのか?
どれくらい音を出していいの?
利用
告知はいつからできるの?
ースを増やしたい
イベント中はどこのホテルが便利?
雨や雷の対策は
行列ができた場合どうやって並ばせる?
ユニフォーム

ちょっと待って それらは現象でしかないんだよ
え…
てい!!
利用
現象
現象
現象
現象
本質
現象を 1つずつ潰していっても 仕方がない
まずは 現象の元になる本質的な問題を明確にする
そして 本質そのものの問題を解決する必要があるんだ
本質が解決されれば 諸問題への対応策が明確になってくる
じゃあ すべての問題をメモ書きするの?
うまくできるかな・・・
それも いいんだけど もっと簡単にできる方法がある
メモ書きの発展形
スッ
わ!
そんなところに紙を忍ばせてるの!?
紙は常に持ち歩かなきゃ
それではまず わかりやすく学校の問題を例にやってみよう

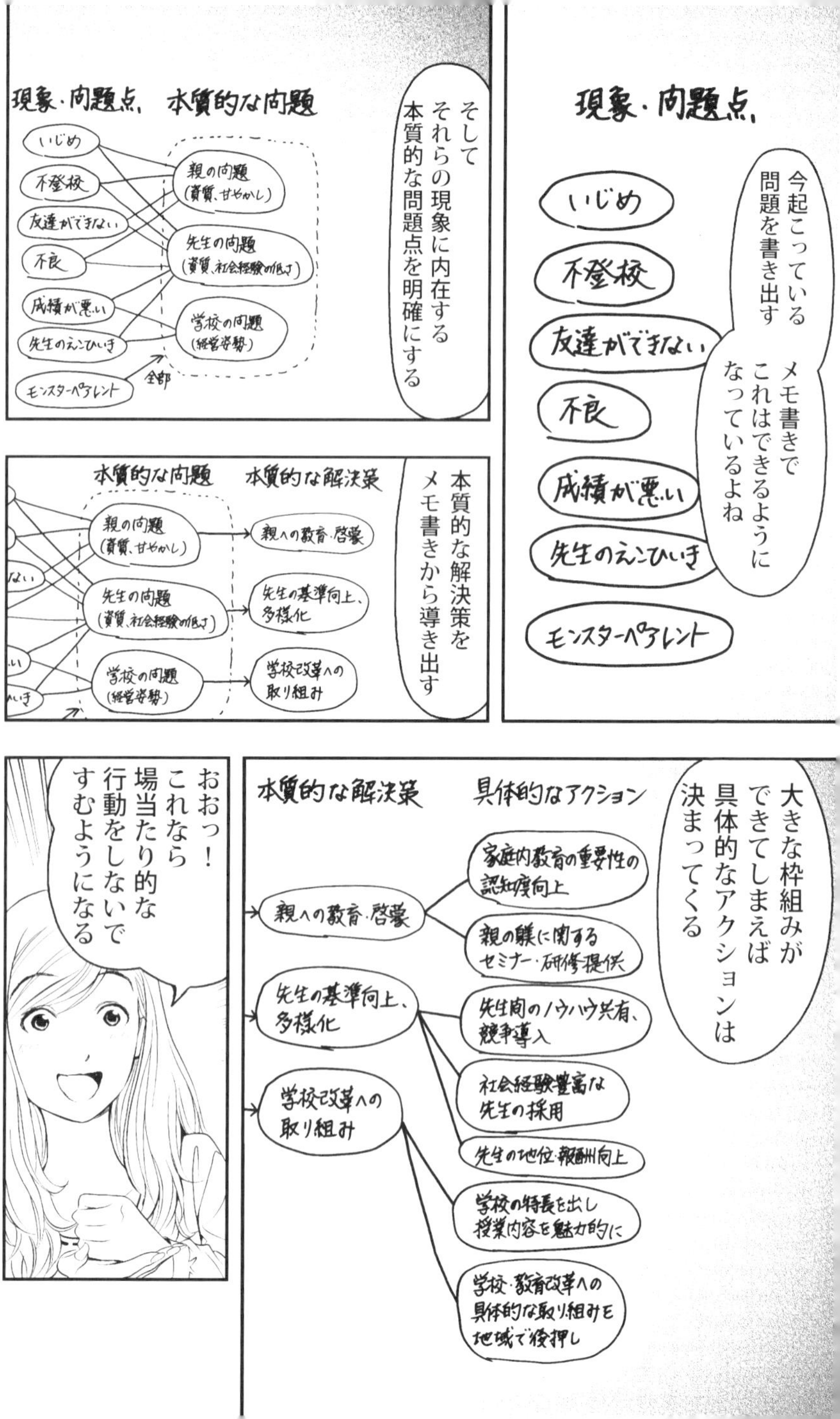
現象・問題点、
今起こっている問題を書き出す
いじめ
不登校
友達ができない
不良
成績が悪い
先生のえこひいき
モンスターペアレント
メモ書きでこれはできるようになっているよね
そしてそれらの現象に内在する本質的な問題点を明確にする
現象・問題点、 本質的な問題
いじめ
不登校
友達ができない
不良
成績が悪い
先生のえこひいき
モンスターペアレント
全部
親の問題（資質、甘やかし）
先生の問題（資質、社会経験の低さ）
学校の問題（経営姿勢）
本質的な解決策をメモ書きから導き出す
本質的な問題 本質的な解決策
親の問題（資質、甘やかし）
先生の問題（資質、社会経験の低さ）
学校の問題（経営姿勢）
親への教育・啓蒙
先生の基準向上、多様化
学校改革への取り組み
大きな枠組みができてしまえば具体的なアクションは決まってくる
本質的な解決策 具体的なアクション
親への教育・啓蒙
先生の基準向上、多様化
学校改革への取り組み
家庭内教育の重要性の認知度向上
親の躾に関するセミナー・研修提供
先生間のノウハウ共有、競争導入
社会経験豊富な先生の採用
先生の地位・報酬向上
学校の特長を出し授業内容を魅力的に
学校・教育改革への具体的な取り組みを地域で後押し
おおっ！これなら場当たり的な行動をしないですむようになる

ガタッ
このフレームワークを駆使すれば一貫した指示をすることができるでしょ
そうね
え…どうしたの？
家帰ってやってみる
ええっ！
帰る？まだ食事来てないよ
ごめんごめん
1人で食べて
びゅうううう
そんなぁ
まったく一直線なんだから
まぁそれが桃子のいいところなんだけどな
もぐもぐ
これどうしますか？
メインディッシュです
2人分…
まだあるの…
ゲプ

できた
これである程度やるべき具体的なアクションが明確になった
本質的な問題の「人手が足りない」の解決策は…
本質的な問題
本質的な解決策
人手（仲間）が足りない
協力者を増やす
「協力者を増やす」ね…
あの2人手伝ってくれるかな？
なぜか嫌われてるからなぁ
うーん
ケケケケケケケ
そういえばさっき謙ちゃんに…
人間関係もメモ書きで本質を探れば
きっと解決の糸口が見えてくるよ
やってみようかな
スッ
カリ カリ カリ カリ
彼女たちはとにかく美玲ちゃんラブで
じゃあ美玲ちゃんが認めるものは敵ではないってことか…
憧れの美玲ちゃんを邪魔するものは全部敵…
邪魔する
敵
邪魔する
敵
なるほど…

有馬君や別府さんは先輩に目を付けられることを嫌っているだけか
その問題さえクリアされれば手伝ってくれるはず
伊藤さんはよくわからない
…。
あ…
それじゃあ後は任せたわ
美玲ちゃんって私の事どう思っているんだろう…
そんなことしていたら会社にいられなくなるわよ
私の期待を裏切らないでよ
美玲ちゃんの私に対する気持ち
カリ
カリ
いつもボーッとしてい
期待していない
同期のよしみで優
仕事を認めてくれる
アドバイスしてくれる
ちゃんと教えてくれる
カリ
私に権限を与えて
期待してくれている
カリ
一実は評価してくれている
へ

いやいやいや
さすがに
それはないかな…
けど何度やっても
同じような
結果が出ちゃう…
う〜ん
考えるのが
面倒だ…
ギュ
直接聞くほうが
早い
全体的に
遅れが目立つので
みんなで
協力しあって
頑張ってください
これで
会議を
終わります
……。
ヒソ
ヒソ
どうしたのかしら
今日の丸山さん
元気ないわね
ヒソ
そろそろ
無能ぶりに
気づいて
辞退するんじゃない
ヒソ
ガタン
お
遂に
行ったか!
ガッ
ガッ
美玲ちゃん

私のこと
評価して
くれてるの？
もちろん
でしょ
ザワ
ワッ
ちょっと
何言ってるのよ
思い上がるにも
程があるじゃない
もう
許せない
あなたと
美玲さんは
違うのよ
あなたのことは
高く評価
しているわ
丸山さん…

えええええええええ
入社当初から丸山さんに劣等感を抱くほどにね
え？劣等感？
なんで？
私より全然優秀じゃん
けどこの会社はイベント会社企画ありきなの
奇しくもあなたに指摘された通り
私の企画はどこかでやったことあるものをすこしアレンジしたものばかり
そりゃそうよ
へ…
私のほうが優秀なのはわかっている

あ
これまでの物産展と大して差がありません
けどあなたのアイデアは独創的でそして魅力的
ずば抜けた企画力に私は嫉妬していた
確かに凄い
けどね…
突飛すぎて現実味がないというか…
ニュース
市民が団結 ドミノ世界記録達成
その通りね深く考えることもせずに
短絡的なものばかりを企画書にしてしまう
それを見ていて口惜しくもあり
自分の実力に気がつかないことに安堵していた
美玲ちゃん…
けどあなたは変わったわ

最近は論理的にものを捉えられるようになってきたし
仕事のクオリティも上がってきた
私は以前のような嫉妬から次は何が飛び出すのかドキドキするようになってきた
あなたと一緒に仕事をしたら一体どんなイベントになるか…
だから私のチームに入ってもらった

もっともっとアイデアを出してちょうだい
責任は私が取るから！
……
……
美玲ちゃん
ギュ
みんなこれまでにない物産展を作り上げましょう
はいっ！
美玲さんが認めてたなんて早く言ってくださいよねぇ
頑張りましょう！
あ…あんたたちね…
これで一丸となってイベントに臨めるわ
ま…いっか…
ワイ
ワイ
ワイ

物産展開催
数日前
えええええっ！
盲腸ですって⁉
仕方がないでしょ
私だって
なりたくて
なったわけじゃ
ないんだから
そりゃ
そうだけど…
けどリーダーの
美玲ちゃんが
いなくなったら
大変だよ
……
そのこと
なんだけど
私の後を
引き継いで
ほしいの
えええ
わかった
ずいぶん
あっさりね
だって

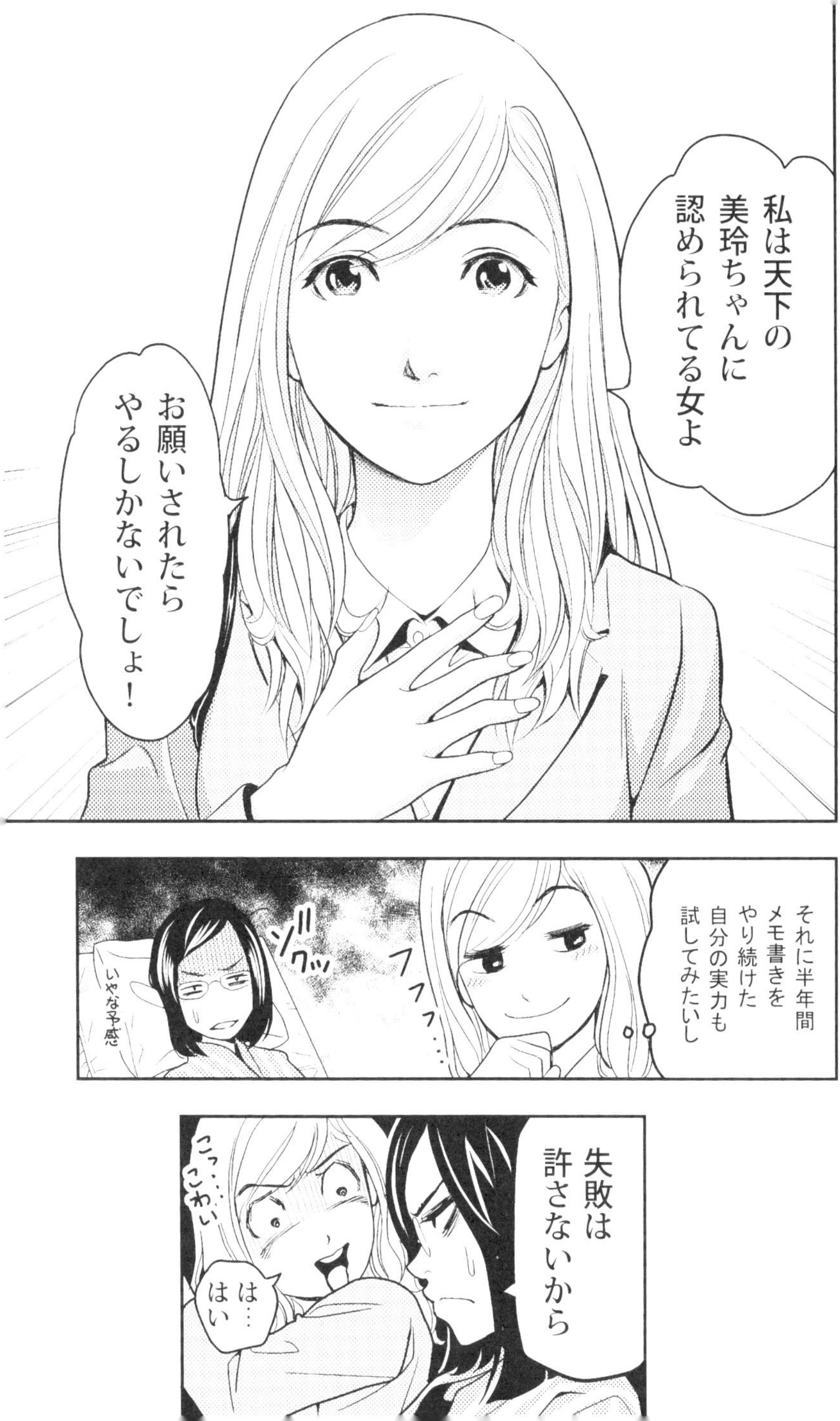

私は天下の美玲ちゃんに認められてる女よ
お願いされたらやるしかないでしょ！
それに半年間メモ書きをやり続けた自分の実力も試してみたいし
フフフ……
ゾクッ
いやな予感
失敗は許さないから
こっ…こわい
は…はい

ロジカルとクリエイティブの関係

美玲と桃子で考えるロジカルとクリエイティブ

「ロジカル・シンキングに強い人は、クリエイティブな発想ができない」
そういわれることがありますが、これはまったくの誤解です。

あまり聞いたこと、見たことがない斬新な発想に対して、「クリエイティブ」という表現を使います。そういう発想やデザインを生み出す人が「クリエイティブな人」ということになります。

こういう人が、自分を深く考えることが苦手だと思っていたり、苦手だと周囲が思っていたりすることは確かにあるでしょう。クリエイティブな発想、デザインに感動した周囲の人が、「どうやって思いついたのですか?」という質問をした際、発案者はとかく「なんとなくです」とか「神が降りてきました」といって、煙に巻くような答えをする場合もあります。

こういった結果、「クリエイティブ」と「ロジカル・シンキング」は対極のものという印象を与えてしまっているのだと思います。

しかし、そうではありません。ロジカル・シンキングは、実はクリエイティブな発想を出すためのツールと考えたほうがよいと思います。

なぜならば、メモ書きや、第2章の解説で指摘し第3章の解説でもさらに詳しく説明していくフレームワークなどを使えば、色々なケースを考えたり、発想を転換したりすることができるからです。ロジカル・シンキングを使えば、なぜその新しい発想がいい案なのか、自分で考えたり、他人に説明したりすることができます。

マンガの美玲と桃子について見ていきましょう。

美玲は、世間一般でイメージされるロジカル・シンキングの持ち主といえはしないでしょうか。理詰めで考え、落ち度なくやり遂げるのが彼女の思考スタイルのように見えます。少し独創性に欠けるので面白みがあまりないものの、結果は着実に出していく。かたぶつっぽいところも、論理的思考という固いイメージに合うのだと思います。

美玲さん いかがでしょうか？
クライアントのためにももう少し予算を削ったほうがいいわ
なるほど… わかりました
営業企画部
西園寺美玲 27歳

美玲のような理詰め派は、実際のビジネスの現場でも、手堅いが発想がやや貧困で大躍進しないタイプが多いかと思います。

一方、桃子は突拍子もないことをいうものの、独創性があり、クリエイティブな発想ができているように見えます。ところが、これまで頭があまり整理されていなかったため、仕事としてはばらつきがあり、結果が出ていませんでした。

結果を出せず、自分に自信を持てないので、コミュニケーション力が低くなっていたのかもしれません。

桃子のような感覚で行動するタイプは、現に社会でも「一発屋」のビジネスマンには多いです。

理詰め派の美玲と感覚派の桃子。前者をロジカル、後者をクリエイティブといったりする傾向にありますが、じつはどちらの指摘も必ずしも正しくはありません。

もし美玲がロジカル・シンキングを身につけたら

桃子は、自分の頭をどう整理したらよいかがわからず、次々に湧いてくるアイデアをどうとりまとめ、結果につなげていったらいいのかもよくわからなかった。それらをどうわかりやすく説明したらいいかわからなかった、という状態です。

そういう桃子が、メモ書きを覚え、フレームワークを知り、頭の整理とわかりやすい伝え方の両方が一気にできるようになった。そのため、うまくいくことが増え、急速に伸びていきました。ロジカル・シンキングによって、桃子は自分のクリエイティブな部分を活かし、より効果的に伝えることができるようになり、大活躍できたのです。

A4メモ書きやフレームワークは、次々出てくるアイデアに、理詰めを加えて、会心の一撃にするためのツールにもなる。そのため、**ロジカル・シンキングによって、桃子のような感覚派がビジネスの現場で大いに活かされたのです**。

では、逆にすでに理詰め派の美玲が、さらに論理的思考をしっかり使うことができたらどうなったでしょうか。

考えが深まれば、もっといい案、「なるほど！」と周囲の人を納得させる案を出せたはずです。

これまでは、成功したものを真似をするというやや平凡な発想をしていた美玲ですが、ロジカル・シンキングでものごとを考えたら、桃子にも負けない独創的な「一流の発想」

をし、大成功に導く会心の一撃が出せたのではないでしょうか。

Ａ４メモ書きやフレームワークは、理詰めの発想に、クリエイティブな思考を加えることができる。つまり、**ロジカル・シンキングは美玲のような理詰め派を活かすためにも、有効**なのです。

フレームワーク「3C」の使い方

「お客・市場」「競合」「自社」ではかる成功の可能性

フレームワークは、ものごとを考えるうえでの枠組みを指します。さまざまな問題の解決をはかりたいときの道しるべともいえ、「このように考えれば解決に導きやすい」といったフォーマットです。

マンガで、有馬が提示してきた3Cは、もっとも有名なフレームワークといえます。これは、ビジネスを成功に導くために必要な3つの要素、お客・市場（Customer）、競合（Competitor）、自社（Company）を指します。そのビジネスの客層がどういった人で、競合はどういう所（企業）で、そんななかで自分たち（自社）はどうやって勝負していくのか。これを徹底して考えることで、失敗を回避し、成功率を高めることができます。

簡単ですが、多くの場合に非常に効果的です。162ページの図⑫は、マンガのなかで

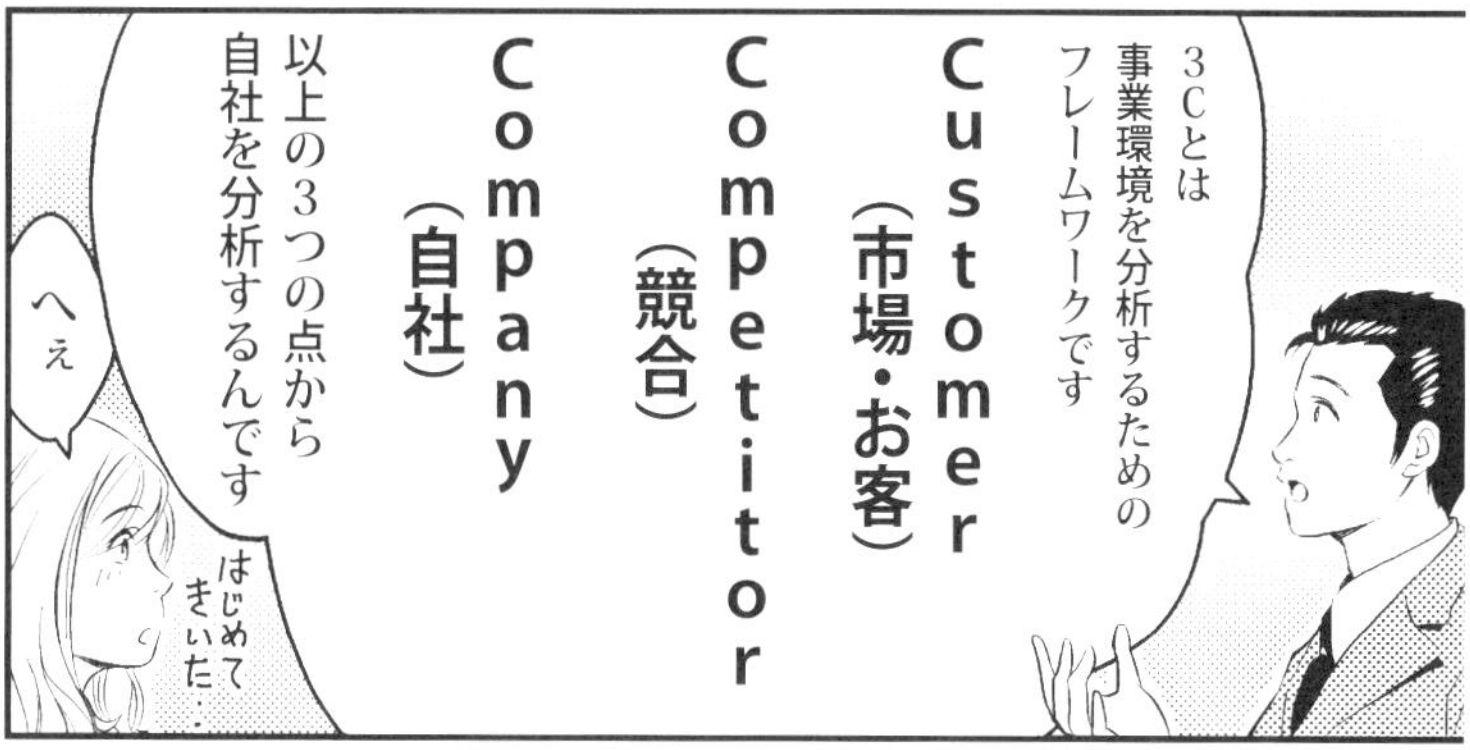
3Cとは事業環境を分析するためのフレームワークです
Customer（市場・お客）
Competitor（競合）
Company（自社）
以上の3つの点から自社を分析するんです
へぇ
はじめてきいた・・

有馬が書いたメモを、よりわかりやすく3Cのフレームワークの形で表現したものです。

市場・顧客（Customer）を見ると、顧客層は中高年の女性。1日2万人の来客があるものの、物産展が過剰に開かれていて供給過多になりつつある、といった現在の市場までとらえられています。**ビジネスをするうえで、顧客調査、市場調査は絶対ですが、その結果がここに当てはまります。**

左下にある競合（Competitor）には、同期間に近隣で開かれる同種のイベントといった目の前のライバルだけでなく、競合他社の動向、またネット通販などの異業種参入による新たなライバルなどの状況を書くようにします。**書き込むことで、思わぬ敵を認識できることにもつながります。**

図⑫

3C分析

・物産展のお客は40代以上の女性（メインは60代の女性）
・多いところで1日2万人の来場客がある
・いちばん人気があるのは北海道物産展
・過剰に開かれている状態で、供給過多になりつつある

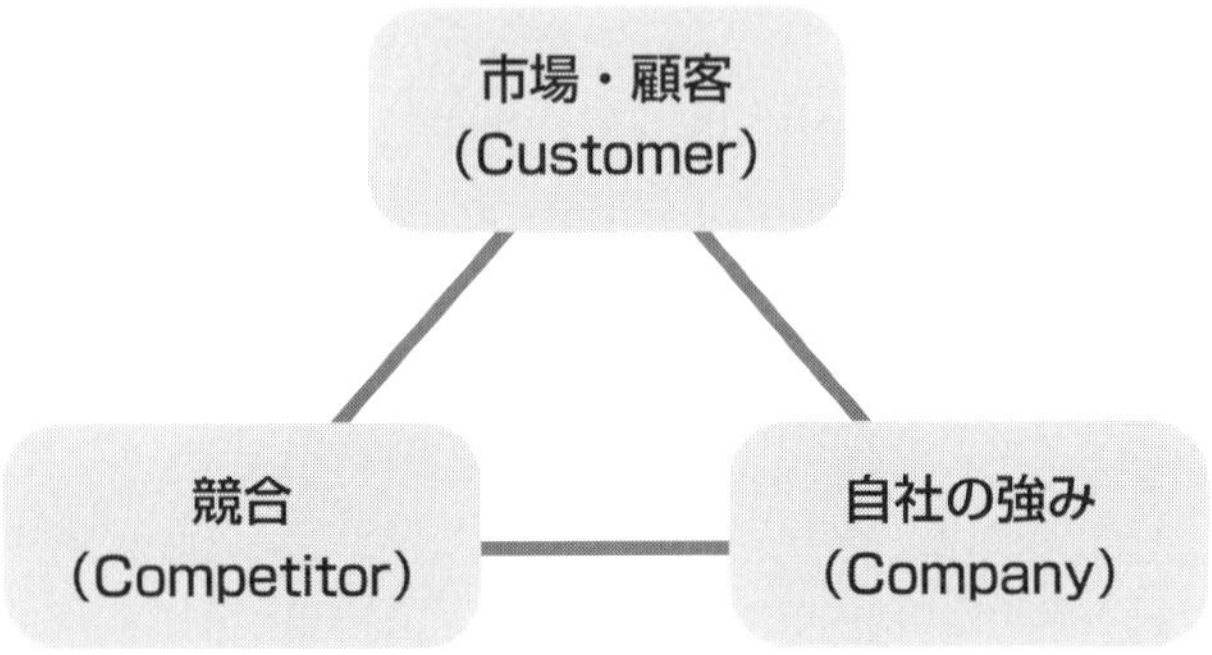

・当日は近隣で定例の物産展が開かれる
・ライバルが開く物産展は、客はいまだに多いもののマンネリ気味
・ライバル社の物産展は来場者が1年で1割減少
・ネット通販の台頭

・今回の企画のコンセプトの1つに、若者が行きたくなるような「キモい」「カワイイ」を入れる
・今回の企画は、定番商品の隣に知られていない商品を並べるなどして、これまでの物産展と違ったアプローチができる

美玲が当初考えた物産展は、どうやら、このライバル社のものに横並びになるものだったようです。これでは、大きな失敗はないかもしれませんが、ライバル社の物産展に勝てる、とはいえません。人気のある（売れている）ものの真似をするだけではじり貧になってしまうという、いい例です。

自社の強みと弱みを把握して最終戦略を練る

そこで重要になってくるのが、最後の自社（Company）。ここではまず自社の強みを主張していきます。

有馬のメモ書きを見ると、今回の物産展は、定番商品以外であまり知られていない商品も並べることで、これまでの物産展に飽きてきている中高年女性の層も取り込めるうえに、物産展になかなか来なかった若年層まで獲得できる、といった企画の強みが紹介されています。

定番商品以外で知られていない商品を見つけ出す能力が鍵であり、これをクリアすれば、ライバルの物産展にも勝てそうです。

また有馬は触れていませんが、ここでは**自社の弱みも把握・確認しておくとさらにいいでしょう。**

たとえばマンガでいえば、物産展というイベントが初の受注となれば、このイベント会社に経験がないことが弱みとなります。

弱みがわかれば、補える案も考えられます。たとえば今回の物産展では、若者を新規顧客にすることを狙いましたが、このイベント会社が、若者向けイベントの受注が多いところであれば、それが補うポイントになるでしょう。

また、弱みが強みに変わる場合もあります。たとえば経験がないということは、ある種、しがらみがないということ。本当に顧客を集められる企画を、誰にも遠慮せずにゼロベースから考えることができるのが強みとなるかもしれません。

このように、3Cのフレームワークを使えば、顧客・市場、競合、自社といった3つの軸でビジネスを見られるようになり、成功率を上げることができます。そして、他の人からも、「なるほどね。それだったらうまくいきそうだね」と賛同を得られるのです。

基本に戻って顧客・市場、競合、自社をしっかり考えることで、抜け漏れのない施策になっていきます。営業、企画、プレゼンといったジャンルでぜひ3Cフレームワークを使ってみてください。

3CとA4メモ書きの関係

深掘りされたA4メモ書きとは？

3Cのフレームワークの説明を聞いて気づいた方もいるかと思いますが、**3Cを検討することはA4メモを書くこととほぼ同じことです**。

企画を考える際に3Cの概念を使う。これをA4メモ書きですれば、左のメモ書き⑬のようになります。

メモ書き⑬でメモ書きしたことの1行目「顧客・市場から考える」をタイトルにして、さらにメモを書いていきます。すると、メモ書き⑭のようになります。深掘りをしてどんどん検討を深めていくことができます。

A4メモ書きのメリットは、こうやって深掘りが即座に自由にでき、かつ全体観を見失わない、というところにあります。

難しく考える必要がまったくありません。気になることをタイトルにして1ページ書く

メモ書き⑬

企画・事業検討をどういう軸から進めるべきか 15-08-21

- 顧客・市場から考える
- 競合状況を把握し、どういうリスクがあるのか考える
- 自社の状況を詳細に分析する

メモ書き⑭

顧客・市場から考える 15-08-21

- 顧客層は中高年の女性が中心
- １日２万人の来客もある
- 物産展が過剰に開かれていて供給過多になりつつある

と、その後、必要に応じて、本文の各行をタイトルとしてまたメモを書いていけます。結果として、全体観があり、深掘りされたA4メモ数ページが、数分でできあがります。ロジカル・シンキングを素早く身につけたいときは、やはり、うってつけの方法です。

資料・書類作成をしようとして固まってしまう人が多いと思いますが、A4用紙に手書きでこうやって書き出していくと、何倍も何十倍も早く、頭のなかが整理できます。構成とか全体構造を考えることなく、上から思いつくままはき出していけばいいのですから、簡単です。しかも、これができると仕事ができるようになります。リーダーシップも発揮しやすくなり、多くの人を動かしていくこともできるようになります。

A4メモ書きで深掘りしていくもう1つのメリットは、そうやって頭に浮かぶまま書いていても、決して質が落ちないことです。余計なことを考えず、どうまとめようというエネルギーを使わず、片っ端から書き出すと、これまでの経験と知恵がそのまま発揮されます。蓄積された経験、問題意識、問題に対処した知恵、失敗体験と対処法なども曲がらずに出てくるのです。

これまで、ノートやカードに書いても、マインドマップに書いても、言語化を促進しつつ、かつ全体構造を俯瞰《ふかん》しながら深掘りし、しかも時間をかけずに手軽に検討することはなかなかできませんでした。

A4メモ書きで深掘りしていく作業は、これらすべてを実現し、しかも費用がまったくかからず、どこでもでき、わずか数分で終わるので、本当に手軽でパワフルです。

なお、**プレゼンや会議資料などでは、A4メモ書きで出た答えを、3Cなどのフレームワークに落とし込んで誰にでも伝わるようにビジュアル化させる、といったような使い分けもできます**。

ロジックツリーで問題解決を導く

テンパらないために覚えたいロジックツリー

メモの深掘りと同様、非常に効果的な方法が「ロジックツリー」です。ロジックツリーには何種類か書き方がありますが、私がお勧めしている1つが図⑮のロジックツリー。マンガのなかにもありましたように「現象・問題」「本質的な原因」「根本的な解決策」「具体的施策」をつなげていくものです。

これは問題把握とその解決を図る際に便利です。マンガでも謙二郎がいっていたように、この形で書くと、種々雑多な現象・問題があっても、それを整理して、発散することなく考えを深めていくことができます。

ロジカル・シンキングに慣れていない人ほど、色々な現象や、大小さまざまな問題が起きると、それぞれに対応してしまい、わけがわからなくなってしまいます。俗にいうテン

図⑮

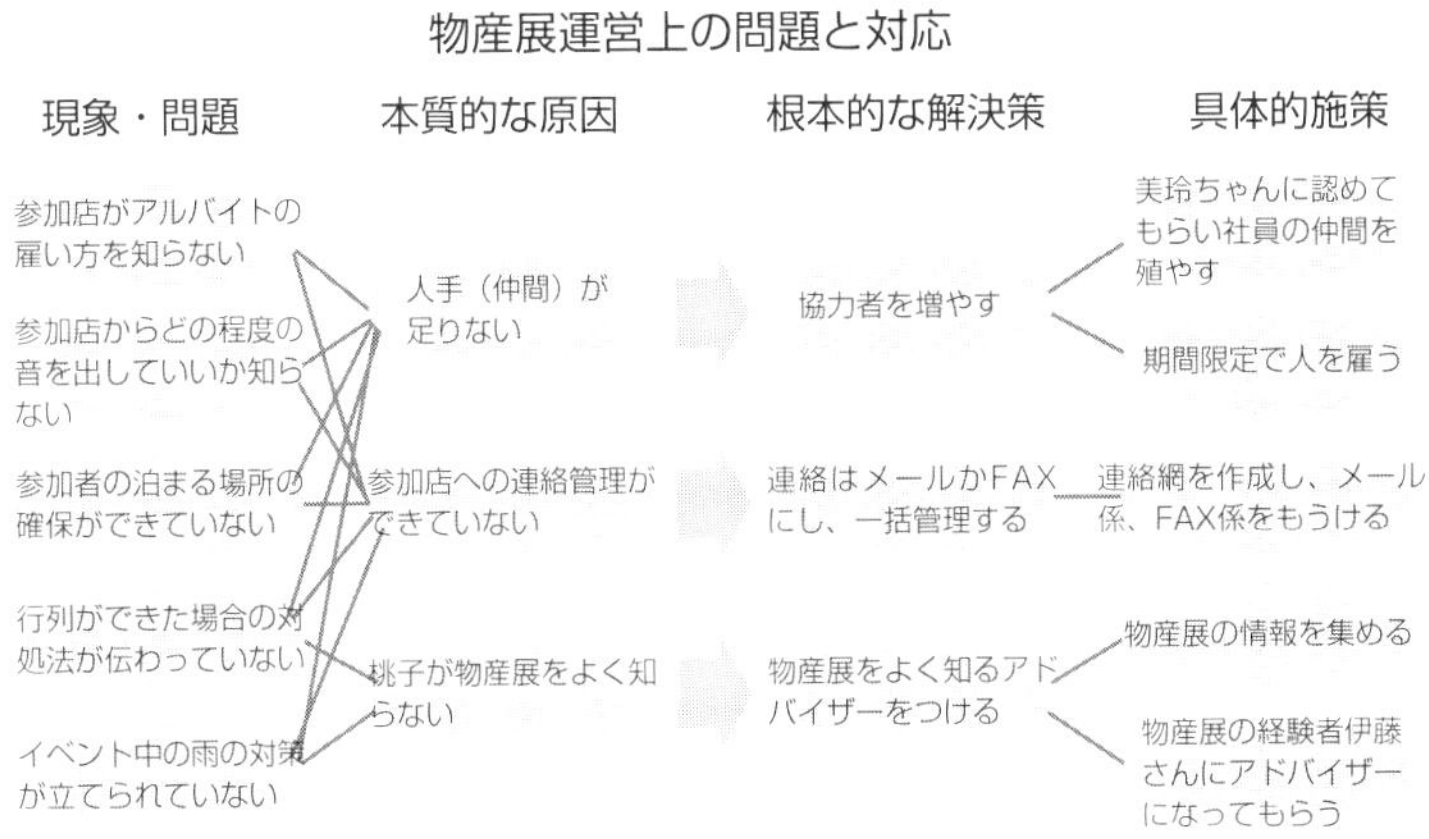
物産展運営上の問題と対応
現象・問題
本質的な原因
根本的な解決策
具体的施策
参加店がアルバイトの雇い方を知らない
参加店からどの程度の音を出していいか知らない
参加者の泊まる場所の確保ができていない
行列ができた場合の対処法が伝わっていない
イベント中の雨の対策が立てられていない
人手（仲間）が足りない
参加店への連絡管理ができていない
桃子が物産展をよく知らない
協力者を増やす
連絡はメールかFAXにし、一括管理する
物産展をよく知るアドバイザーをつける
美玲ちゃんに認めてもらい社員の仲間を殖やす
期間限定で人を雇う
連絡網を作成し、メール係、FAX係をもうける
物産展の情報を集める
物産展の経験者伊藤さんにアドバイザーになってもらう

パってしまう人の典型です。

しかし、上記のフォーマットで考えれば、気になることを左側に全部並べていき、本質的にはどういう原因があるのか考えるなかで、頭が大いに整理されていきます。

ロジカル・シンキングというのは、要はいかに頭を混乱させずに、整理しながら検討を進めていくか、ということです。そうすると、考えがどんどん深くなり、洞察力も生まれ、問題の本質や解決策の要点がはっきりと見えてきます。

難しい理屈をこねるとか、人を言い負かすということではまったくありません。洞察力のある問題の整理結果と効果的な解決策をわかりやすく説明すれば、「なるほど！　そうだったのか！　だったらそうすればいい！」と誰でも腑《ふ》に落ちます。

自分が賢いということを鼻にかけて、「論理的に説明すると」とか「あなたの言うことは論理的でないから理解できない」という人がいますが、そういう人は本当は自信がないだけのことです。そういう言葉をいっさいいわずに普通に話せばいいのです。

同時に、「自分は論理的に考えるのも話すのも苦手」と思っておられる方が多いようですが、これも気にする必要がありません。勘違いした上司、同僚、後輩などに意地悪されて自信を失わされているだけです。

また、ロジックツリーは、もっと単純に文字通りツリー状に描く場合もあります。次ページの図⑯のようなものです。

たとえば、ある新規ビジネスに参入すべきか否かを考える場合。その理由が下にきます。いくつ並んでもいいですが、基本的には3つほど理由を挙げましょう。ここでは、①競争が激しくない、②魅力的市場である、③自社の強みを使える、の3つを理由に挙げるとします。

図⑯

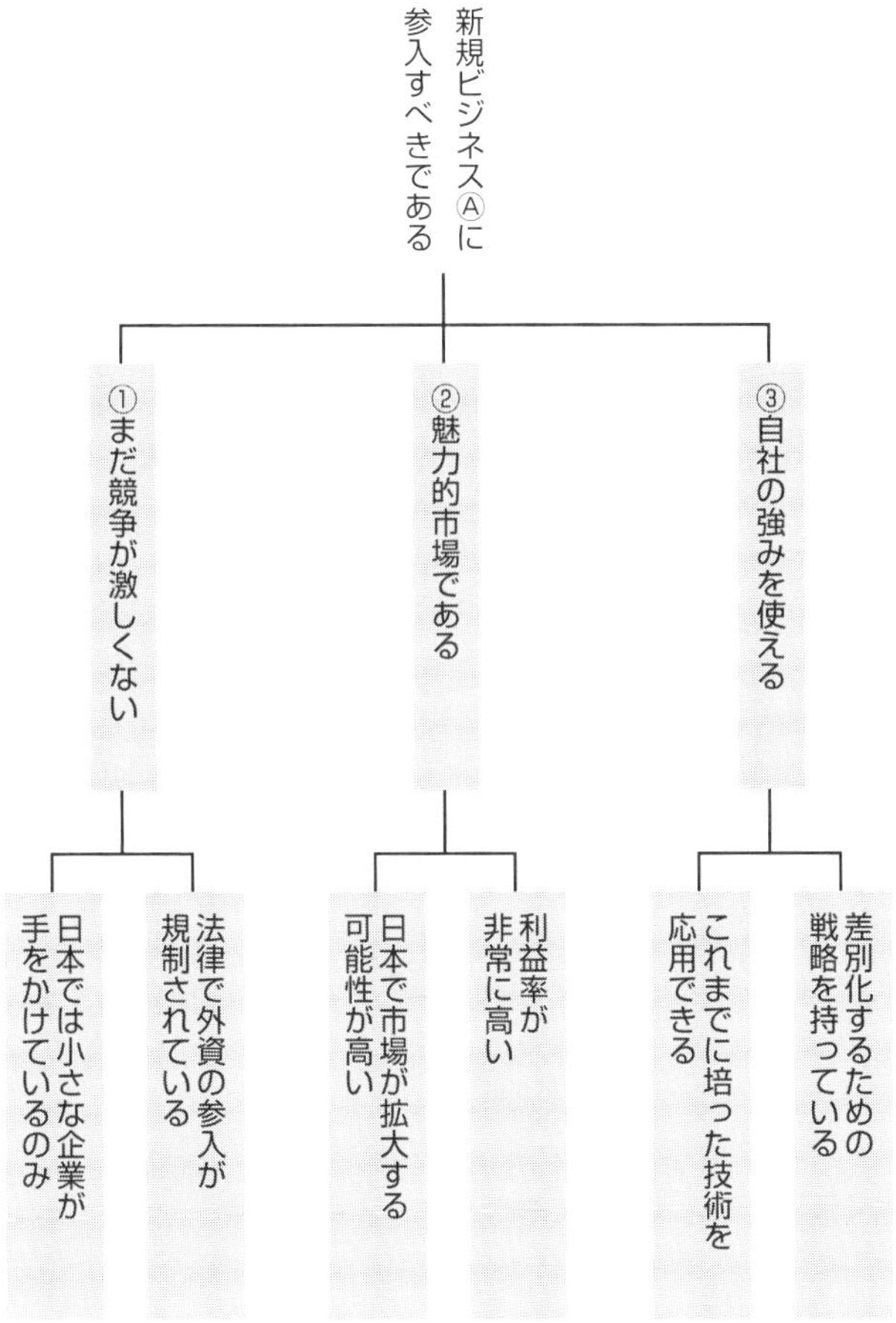
新規ビジネスⒶに参入すべきである
①まだ競争が激しくない
②魅力的市場である
③自社の強みを使える
日本では小さな企業が手をかけているのみ
法律で外資の参入が規制されている
日本で市場が拡大する可能性が高い
利益率が非常に高い
これまでに培った技術を応用できる
差別化するための戦略を持っている

そしてそれら3つの理由がさらに下にきます。①であれば、日本では小さな企業が手をかけているのみ、法律で外資の参入が規制されている、といった理由が挙げられるとしましょう。同じように②であれば、今後日本で市場が拡大する可能性が高い、利益率が非常に高い、③であれば、これまでに培った技術を応用できる、差別化するための戦略を持っている、といったような理由がそれぞれで挙げられます。

「わが社はこの新規ビジネスに参入すべきです。理由は、①競争が激しくない、②魅力的市場である、③自社の強みを使えるといった点です。①については、日本で小さな企業しか手がけていない点と、法律で外資の参入が規制されているといった理由が挙げられます。②については……」

このような説明を、図解でビジュアル的にわかるようにしたのが、ロジックツリーです。

プレゼン資料や営業で使うときなどは、文字配列よりも、このような図解にしたほうが相手に伝わりやすく効果的である、といったメリットがあるので、機会があったら積極的に使っていきましょう。

第 4 章

「ゼロ秒思考」で
問題解決する！

物産展のイベント当日。
十分な準備をして臨んだのだが、次から次へとハプニングが起こる。
頭が真っ白になる桃子は、自信を喪失してしまうが……。
「マッキンゼー式ロジカル・シンキング」は、さまざまな難題を解決できるか!?

これまでにない物産展を目指したいと思っています
物産展までもう時間がありません
ネット戦略も反響が大きく多くの来場者が予想されます
今日から私がリーダーとしてこのプロジェクトを引き継ぐこととなりました
美玲ちゃん亡き今みんなで頑張りましょう！
いやいや死んでないから

美玲ちゃん
キャ
もう大丈夫なんですか？
本当はまだ安静にしてないとダメなんだけどね
みんなに一言だけ言いたくてきたの いいかな？
もちろん
こんな大事な時にいなくなってしまってすみません
私も楽しみにしていたイベントだったのでとても残念です
ただ私がいなくても丸山さんのもと一丸となって頑張ってくれると確信しています
わたしたちは物産展に来てくれるお客さんはもちろん出資してくれている主催者そして参加してくれている出展者
すべての人に参加してよかったと思われてはじめて成功です
とり天
最高の物産展にしましょう！
はいっ

かっこいい
パチ
パチ
パチ
ステキ
パチ パチ パチ パチ
パチ パチ パチ パチ
美玲さん
じゃ よろしくね
スッ
任せて!
ぐっ
さぁ 始めましょう!

…
どうしたの？
なんだか丸山さん貫禄ついたわね
発言に自信があるって感じ
まぁ今の丸山さんなら私達も安心していられるわね
かっこいいしね
いやっ違うそうじゃなくて
カチ
カチ
カチ
裏切り者っ！私たち美玲さん一筋でしょ！
え
え
物産展はいよいよ明日
絶対に失敗できない

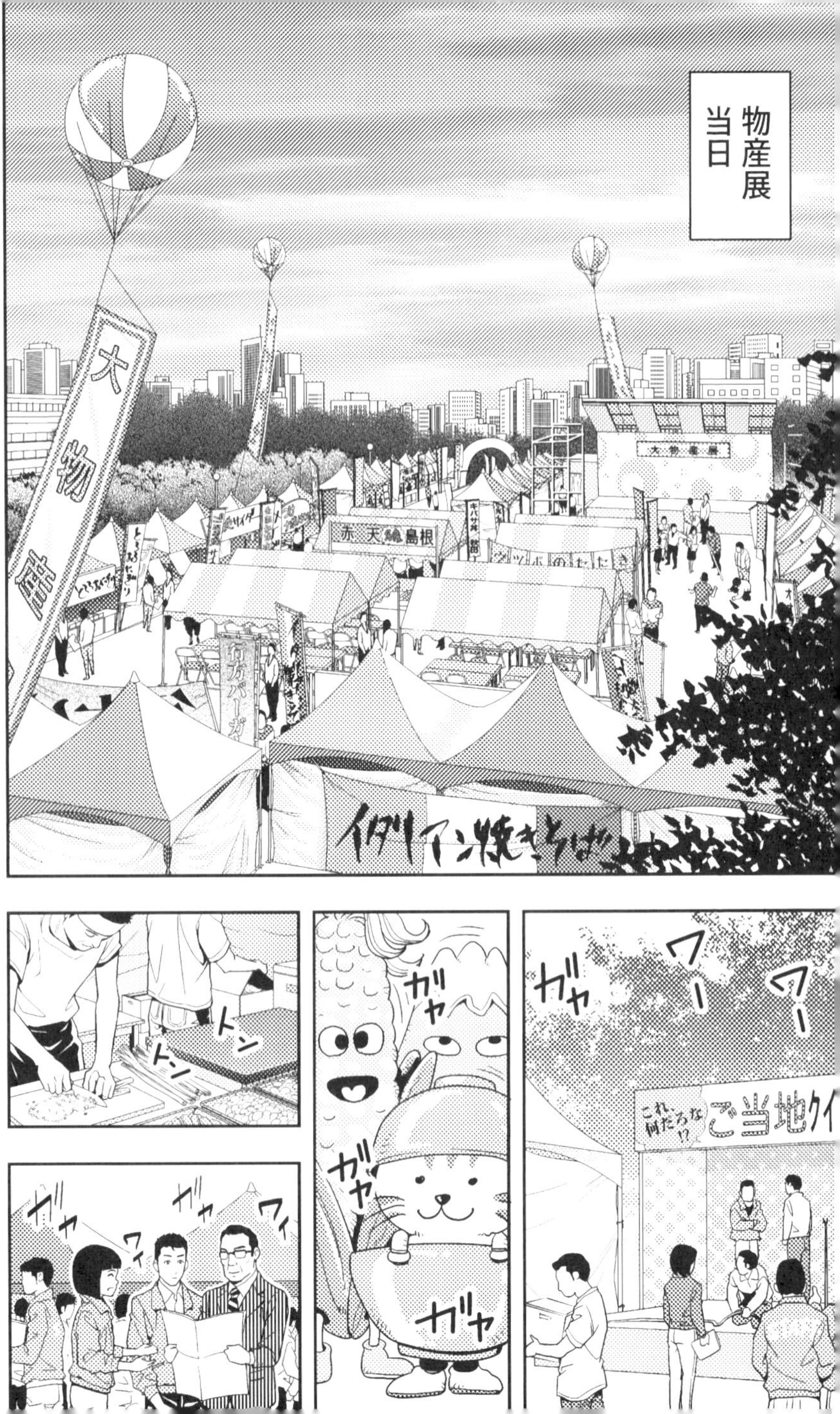
物産展
当日
大物産展
赤天 島根
イタリアン焼きそば
ワー
ワー
ガヤ
これ何だろな!?
ご当地クイ
ガヤ
ガヤ
ガヤ
トン
トン
ガヤ
ガヤ
ワイ
ワイ

大物産展
い…いょ いよいよお このよき日を お迎えにあたって
ギク
この物産展を 取り仕切っるるる 丸山でげし…
ギシャク
本日は 5万人の 来場を予定 してててます
焦らずに 行動して くださいいいい
ギク
皆さん がんばりましょう
ビュー
あとは…
ええ…と えっと…
ギク
シャク
だめだ… ガチガチじゃん
ダサい…
はぁ… びっくりした
頼みますよ…
丸山さん リーダー なんですから
だって 初めてだし…
!
ゴロゴロ

なんか嫌な天気ね……
天気予報は曇りだったけどもつかな…
大丈夫大丈夫気を取り直してがんばろう
反省してください
もうすぐ開場ですよ
すみません
あの…ちょっといいですか
はいっどうかしましたか
パンフレットに載ってるうちのURLが間違っているんですけど…
えぇぇ
すみません急いで訂正します
お願いします
丸山さんこの方が…
なんでしょうか?
なんで隣の県をうちの横に配置すんだよ
似たようなものを売ってるから競合になるだろうが
すみません
あの…届くはずの荷物が届いてないんですけど
うちの店のロゴが違うんですけど…
冷蔵庫の温度設定ってどこで変えられるんですか
ひぃ…
す…すぐに対応しますっ!

ブル
ブル
ブル
ブル
ブル
どうして
こんな間際に
聞いてくるのぉ
丸山さん
今度は
何よっ
ワァァァアァアァアァ
開場の時間です
鯖おでん
鯖おでん
福井

ガヤ
ガヤ
ガヤ
ガヤ
みかん鍋
ガヤ
ガヤ
ガヤ
行方バーガー
わい
はは…
わい
わー
わー
や…
やばい…

こ…
怖いよ…
は…
始まっちゃった…
頭が真っ白
助けて
美玲ちゃん
やっぱり私には
無理だよ!!
トン
きゃ
よ

じわっ
謙ちゃん
始まったばかりだぞ
おぃおぃ
だってだって…
なるほど それで ビビっているわけだ
みかん鍋
これまではメモ書きやる時間があったけど…
始まっちゃうとどんどん質問がくるの
ちゃんとできる自信ないよ…
グッ
ははは
何笑ってるのよ
笑うと落ち着くんだよ
笑ってごらん
行方バーガー
秋田
ははは
ははは
そう その調子
そんなに焦ることはないよ
見てごらん
え…

うわぁ
おいしそ～♡
ジュゥ
ジュゥ
はい
あ～ん
みんな楽しんでるじゃん
心配することないよ
ちゃんとできてるよ
で…でも
君にメモ書きを教えた時にゼロ秒思考の話をしたの覚えているかい？
え
課題を瞬時に整理して問題点の本質を見抜き解決策を導けるようになるってやつ？
そうだ
毎日欠かさずトレーニングしてきただろ？
う…うん
大

そろそろ世界が違って見えてきているんじゃない？
世界…？
何か問題が発生したらはっきりじゃなくてもだいたいの方向性は見えるようになっているはずだ
ほとんど迷うこともなくなっている
普段から論理的に考える癖がついている証拠だ
目の前で何が起きてもどういう現象なのか
一瞬で判断し判断したら次の瞬間に進むべき道を複数考え
長所と短所の比較をし即座に方針を決定する

そうした思考の「質」と「スピード」双方の到達点が
「ゼロ秒思考」だ
ロジカル・シンキングの最高峰に今君は立っているはずだよ
いやいやいやいやそんなのできるわけないじゃない
自分を信じてトレーニングは裏切らない
丸山さん大変です!
え
Aステージに人が集まり過ぎてしまっています
人気店はまばらに配置したつもりだったんですが思いのほかお客が集中してしまって…
だったら…

いや…
今のは…
瞬間に
考えついたことを
言ってごらん
スッ
ゆるキャラに頼んで
風船配って
もらえるかな
風船を
ですか…？
Aステージには
子供向けの
ブースも多く
配置してあるから
子供の
安全をまず
考えてほしいの
それに
子供がはければ
親もついていくから
少しは混雑も
緩和するでしょ
とりあえず
今日はそれで
対応して
なるほど
わかりました
さっそく
頼んでみます
その調子
いい指示だと思うよ
今のが…
ゼロ秒思考か…

だいぶ落ち着いただろ
物産展は始まったばかりだ頑張って
うん!
丸山さんっ
お手洗いがパニックになっています
だったら…
すぐにコンビニやスーパーなど近くにトイレがある場所の地図を作って!
もちろんちゃんとお店の許可を取るようにしてね
あと客が来ていないところへの誘導も積極的に行って
ゴミが山積みのまま放置されています
だったら
きゃ
きゃ
へぇ…
野々木公園の物産展超やばい
キモカワ食べためちゃうまい
写真撮ったよ
ポツン
ゆるキャラってあんなに人気があるなんて知らなかった
見てください
ネットでも大反響ですよ
この調子だとうまくいきそうね
あ…

アアアアアアー
そんな
せっかくいい感じだったのに…
最悪
雨かよ まじうぜぇ
帰ろっか

帰る人が
増えてきましたね
雨が降るのは
想定していたけれど
けっこう人の
流れが変わるんだ…
最悪
じゃん
今日は
ここまでかな
カラオケ
行こうぜ
天気には
勝てないか
仕方がないわね
とりあえず
帰るお客様を
見送りましょう

そんなことない
まだ諦めるのは早いわ
え…
何をする気ですか？
雨の日に来てよかったって思わせるのよ
雨止みそうにないね
帰ろうか
見てあれ
何かしら
ドン
ドン

ただいま中央広場で全国各地のゆるキャラたちが
雨の日限定コスチュームでお出迎えしています
ドドン
かわいい
写真撮ってー
大成功ね
美玲ちゃん来てくれたんだ
ゆるキャラにレインコートを着せて
お客さんの足を止めるなんてよく考えたわね
昔行ったネズミーランドで雨の日にしか見られないパレードやってたの
キャラクターたちの限定コスプレが見られてラッキーだったって思ったことがあったから
けどゆるキャラで足止めできるのは若い層だけよ
高齢層は帰るわどうする気？
対策は打ってあるわ
！
雨の日限定コラボ丼です
新潟の鯛茶漬けに高知のかつおのたたきがコラボレーション！
新潟＋高知
発売中！

宮崎のチキン南蛮と秋田の比内地鶏夢のどんぶり
その他沢山！
雨の日特価で販売中ーー！
これは珍しいな
面白いね
物産展限定です
サーターアンダギーとずんだ餅のまさかのコラボスイーツも発売中！
いつの間に…
雨の日対策は前もって出展者のみなさんに話していたの
コラボか面白いね！
もし雨の日で売れ残ったら廃棄だからね
安くても売れたら助かるよ
出展者のみなさんも喜んでくれたよ
丸山さんにリーダーやってもらってよかった
へ…

やっぱり桃子はすごいね
数日後
お疲れ様でした
ティン

無事に物産展
終わってよかったね
おかげさまで
残り2日も大盛況で
入場規制するほど
だったのよ
見て
雨の時しか見れない
ゆるキャラの妙案だって
雨の時しか見れない
ゆるキャラの妙案
雨の日
限定どんぶりは
夕方のニュースでも
取り上げられてるし
ネットでの販売も
開始するって
へぇ
すごい
じゃん
しかも
来年もやることが
決定したの
今から何やろうか
考えたら
わくわくしちゃって
こんなにアイデアが
出てきちゃった
おぉ
気が早いね
謙ちゃんが
ロジカル・シンキングを
教えてくれたおかげだよ
え…
いつも私のそばで
暖かく
見守ってくれた
大切な
幼なじみだからね

ドキッ
本当にそれだけ…？
ゴクリ
ドキドキドキドキドキドキドキ
ぐっ
桃子っ 実は俺 お前のことが…
プルルルル
ピッ
あ
ちょっと待って
へ…
もしもし
え 新しい案件ですか
もちろんやります！
すぐに行きます
謙ちゃんごめんね
バッ
…
2人分食べますか？
食べます(涙)

なぜ人は、頭が真っ白になるのか？

マッキンゼーの人でさえも頭が真っ白になる

上司に突っ込まれたり、会議で突然発言するはめになったり、思いがけない方向からチャレンジされたりしたとき、頭が真っ白になったことはないでしょうか。

ごく普通の人だけでなく、仕事ができると自認している人でも、よく起きているようです。マッキンゼーのコンサルタントは厳しく選抜され、しかも入社後徹底的にトレーニングされた優秀な人材ですが、それでも、厳しい上司に突っ込まれると立ち往生していました。

つまり、人間、頭が真っ白になるのは、日常茶飯事なのです。

そういうときは、言いたいことがあってもどういったらいいのかわからなくなるし、ここでこれをいったらもっと激しく突っ込まれるのではないかと心配になる。わけがわからなくなります。

マンガでも桃子が経験したように、自分に本当にできるのか自信を持てないほどの大仕事を任されると、「どう考えたらいいのか、どこから手をつけたらいいのかわからなくなる」ということがあるでしょう。時間がなかったり、サポートしてくれる仲間がいなかったら、さらに頭が真っ白になります。

一応わかってやっていたつもりだしそこそこ動かせているつもりだったのに、思いがけない方向から考えの浅さ、脆弱《ぜいじゃく》さを指摘され、何と説明したらいいかわからなくなってしまうこともあるでしょう。

また、一方的に決めつけられておかしいと思っていても、相手が逆上していれば、何をいってもさらに悪化する。そう考え、もうどうしようもな

いとギブアップすることもあるでしょう。「後がこわい」ので下手に反論もできないということは多々あります。

ロジカル・シンキングが十分できておらず、考えが浅い、自信がないという状況では、とくにこういう状況に陥ります。

頭が真っ白にならない人

では、どうすれば、こういう嫌な目に遭わず、前向きに仕事をし続けることができるのでしょうか。

世の中にはどんなときでも頭が真っ白にならず、詰まらずに話せる人がいます。どこからどう突っ込まれても、落ち着いて相手の指摘を受け止め、一つひとつ説得力のある説明をしていくことができるようです。

そういう人は決して才能だけではありません。受け売りではなく、普段から自分の頭でしっかりと考えることをしているからです。ロジカル・シンキングで深め、どこからどう揺さぶられても、ぶれない意見を持っています。

問題が何か、本質的な問題点が何か、それに対して根本的にどう取り組むべきか、具体的にはどういった多数の施策を打つべきなのか……。

このように、**普段からロジカル・シンキングを活用し、ものごとを考える癖をつけていれば、どこからどう突っ込まれてもよどみなく答えていく人になれます。**

「ゼロ秒思考」の頭のなか

ゼロ秒思考をA4メモ書きで解体すると

A4メモを毎日10～20ページ、それぞれ1分で書いていると、感度がものすごく上がっていきます。桃子のように、経験したことのないようなプロジェクトに取り組んでいるとき、気持ちはいっぱいいっぱいになりますが、メモを書いていることで落ち着きますし、頭は高速回転になっていきます。

気になることは全部A4メモに書いていくと驚くほど頭が整理され、平常心のままでどんどんスピードアップしていきます。新たな課題が発生しても、どうすべきか、あっという間にだいたいの方向性が見えてきます。

それがもっと進むと、マンガで桃子が何度か瞬時に素晴らしい案を考えついたようなことが、誰にも起きるようになっていきます。その究極の姿が「ゼロ秒思考」。ここでは、

メモ書き⑰

Aステージはどんな場所か　2015-8-21

- Aステージには人気店は集中していない
- Aステージは端になり、お客さんの抜け道にはなっていない
- Aステージには子ども向けのブースが多い
- Aステージは混雑していて解消が必要

メモ書き⑱

Aステージの混雑を解消するには　2015-8-21

- Aステージに多いのは、子どもとその親なのでは？
- したがって混雑から子どもが怪我をしたり、迷子になる
- これに対して、ゆるキャラに風船を配り、子どもを誘導するのはどうか？
  - ・子どもを移動させると親も移動する
  - ・子どもが風船を持つことで、子どもの位置を把握しやすい
- 誘導ができ、迷子や事故も防げるので、Aステージ混雑を解消できる

あえてゼロ秒思考をした桃子の頭のなかを、A4メモに解体していってみましょう。

まずAステージの混雑を解消したときは、前ページのメモ書き⑰と⑱を瞬時で頭に描いたことになります。Aステージの特徴を捉え、それをもとに混雑の根本的な原因を把握し、具体的な解決方法に導いていく。このロジックが瞬時に頭で描かれるのがゼロ秒思考です。

解決策と同時に宿題・課題が見つかるメモ書き

イベントの天敵である突然の雨。雨が降ってきたときは、せっかく足を運んでもらったお客が帰ってしまうことが問題の1つです。

イベントに雨対策はつきものです。そこでついでに、マンガでは表立って詳しく描かれていない、桃子が事前に取っていた対策も、A4メモ書きに落としていきましょう。

次ページのメモ書き⑲と⑳を見てください。**雨対策をメモ書きで考える過程で、ゆるキャラに限定コスプレを着てもらう妙案を思いつくと同時に、過去の類似する成功例を調べることといった宿題と、高齢者層への対策といった課題が見つかりました。**

メモ書き⑲

イベントの天敵、雨が降ってもお客を帰さない方法は　2015-8-21

- 全体に屋根をつけるのは費用的にも無理
- 入口での傘配布も費用大で、お客さんの荷物になる
- 雨の日の限定イベントというサプライズを用意する
- サプライズ企画なら費用があまりかからない方法もありそう

メモ書き⑳

お客を帰さないための、雨の日限定イベントは　2015-8-21

- 雨の日の限定お土産を無料で配る
  ・費用がかかる
  ・物産展で買うはずの人が買わなくなるリスクも
- 雨の日限定でお笑い芸人のライブを行う
  ・物産展の地域カラーが全然出せない
  ・客層と合わないリスクがある
  ・雨でなかった場合、キャンセル費用がかかる
- 参加するゆるキャラに手作りレインコートを着てもらう
  ・限定コスプレをお客に楽しんでもらう
  ・地域カラーを出せ、子連れ客、若い層を中心に惹きつける
  ・費用もＯＫ
  ・過去の類似する成功例を調べる
- 高齢者層への対策が何か必要か

宿題については他社での成功例を発見。課題については新たなA4メモ書きで解決策をはかっていきます。次ページのメモ書き㉑で、雨の日セールの限定コラボがお客とお店双方にメリットがあることを見つけ出し、また屋根付きのイートインスペースの拡充も必要であることを見つけられました。

A4メモは本文に4～6行と申し上げましたが、各行にいくつかのサブポイントを追加しています。これをドットポイントといいます。とくに内容が濃い場合などに書き足します。

この場合は、1ページを書くのに1分を超過してももちろん結構ですが、最大でも2分くらいにしておくほうがよいです。

こういった感じで、桃子のアイデアはどんどんふくらむ一方です。浮かんでくる言葉をタイトルに、1分でA4用紙に次々に書くことで、考えが止まったり、言葉選びをしたりすることもしなくなりました。何も考えずにどんどん書いていくと、不思議なほど、考えが深くなっていきます。

メモ書き㉑

雨のなかで、高齢者層を足止めするには　2015-8-21

- 雨の日セールとして、限定のコラボ丼を特価で提供
  ・物産展によく行く高齢者にとっても、限定コラボは目新しい
  ・特価は、どの世代にとっても魅力的
  ・お店にとっても売れ残りの廃棄を減らすことができる
- 屋根付きのイートインスペースを拡大する?
  ・時間に余裕のある高齢者は待ってくれる?
  ・子連れ層など、雨での移動が大変な人たちも足を止めてくれる?
  ・屋根付きの休憩スペースは、もともと高齢者向けに必要
  ・休憩しながら買い物ができるようになり、一石二鳥に

桃子はすっかりA4メモ書きでロジカル・シンキングを身につけたようです。

上司・部下、家族、恋人同士……人間関係が改善する

上司が論理的思考を身につければ職場が変わる

ロジカル・シンキング、論理的思考を正しく理解し、身につけていくと、上司・部下の関係も大いに改善します。

上司の仕事は、部下に本来の力を発揮してもらうこと。自分の頭をロジカル・シンキングで整理し、説明すれば、部下に意図が正確に伝わります。部下が萎縮せずにコミュニケーションを取ってくるようになるため、本来の力を発揮し、結果を出してくれます。

放っておいても仕事を速く進めてくれるので、無駄な手間がかかりません。すぐ質問してくれるので、上司があれこれ心配しなくてもいいようになる。上司にとってもいいことづくめです。

なお、桃子の上司がこういうふうに接していれば、桃子のストレスははるかに小さく、また5年間も企画が通らなかったことなどは決してなかったと思います。桃子はひょんなことからロジカル・シンキングに出会え、チャンスが来ましたが、そうでない人がほとんどです。

男女間の争いもロジカル・シンキングで円滑になる

職場だけでなく、家族・恋人同士の人間関係も同じです。ロジカル・シンキングを身につければ、相手の話がよくわからなくても、「論理的な説明をしてほしい」「この人は論理的ではないから疲れる」と一方的に思うことがなくなっていきます。相手がどうにも納得できない話をしたとしても、分けて考えるようになり、どこが合意・納得していて、どこはそうではないか、冷静に線引きができるようになるからです。

そうなると、感情のぶつけ合いになりにくくなります。常に相手を尊重しつつ、ちょうどよい具合に課題整理と問題解決ができるようになっていきます。

人はそれぞれ何もかも違う、想像しても間違える、というところから出発するほうが建設的に関係を築くことができます。それでももやもやすることが非常に多いので、A4メモに疑問点を書くことで頭を整理することが大切です。

これはロジカル・シンキングの出発点であり、大きな効果が期待できるところです。夫婦間、彼氏彼女間で感情的な言い争いが続いている一方、仕事はクールにロジカル・シンキングを、というわけにもいきません。その意味からもプライベートに活かしていただければと思います。機会があれば、『世界一シンプルなこころの整理法』（朝日新聞出版）を参考にしてください。

ロジカル・シンキングを始めると、まわりにも波及していきます。相手の話をよく聞いてあげるようになるので、萎縮せずに話す人が増えるし、こちらの話がわかりやすいので、皆納得して一緒に行動するようになる。人の輪が広がっていきます。

女性の間では、「論理的とか、むずかしくていや」と思っていらっしゃる方が多いかもしれません。「論理的」という言葉に嫌悪感があるかもしれませんが、これは馬鹿な男性が「論理的に話せ」「論理的な説明でないからわからない」と言い続けたせいでしょう。

繰り返し述べたように、これは間違っているし、残念なことです。この本を通じて、そういった誤解を解いていただければ本望です。

私がA４メモ書きをお伝えした方のなかで、小学生のお子さんも含めてご家族全員でメモ書きをしておられる方がいらっしゃいました。ご家族がいる方は、ぜひ本書をご家族にも読んでもらっていただければと思います。

リーダーシップも強化される！

どじっ子もリーダーに変わる！

どじっ子の桃子ですが、盲腸になった美玲から現場責任者を引き継いだ後も、素晴らしいリーダーシップを発揮できるようになりました。どうしてこんなことができたのでしょうか。ロジカル・シンキングができるようになったとはいえ、リーダーシップはまた別なものではないでしょうか。

私はロジカル・シンキングを実践できると、自然にリーダーシップが発揮されると思います。

勘違いをしている方も多いですが、リーダーシップとは、人に命令することではありません。周りが慕って、自然についてくることです。

よきリーダーは、組織に困難に立ち向かう勇気を生み出します。そして、冷静沈着に指示を出しながら、頭のなかで優先順位をつけて、的確に実施していきます。

桃子は、最初こそふらふらしていましたが、メモ書き、フレームワーク、ロジックツリーなどを通じてロジカル・シンキングを身につけることで、誰よりも物産展について考え抜きました。

人手が足りないなかでどう準備するのか、雨が降ったらどうするのか、参加者を広げるにはどうするのか。

桃子は、これらを考え、頭を整理して次々に問題解決をしていったわけです。

慕ってついてきてくれる仲間に冷静に指示を出し、優先順位に従って問題を解決していく桃子の姿は、まさにリーダーそのもの。一度こういうことができるようになった人は、さらに大きなチャレンジでも同様にロジカル・シンキングを徹底し、素晴らしいリーダーシップを発揮していくことでしょう。

チームのロジカル・シンキング力を高める

リーダーシップの鍵を握るものとして、コミュニケーションがあります。リーダーは何もかも1人で考え、やり抜かなくてもいいのです。チームメンバーの話をしっかりと聞き、状況を的確に把握して判断すれば組織はスムーズに動きます。マンガでも、第3章では桃子が有馬の話を聞いて案に活かす場面がありましたが、まさにあれがリーダーシップです。

ここを勘違いしているリーダーも多く、全部1人で決めなければならない、部下に頼ってはいけないと思っているようです。そういうリーダーに対して、部下は現場がどうなっているとか、本当はこうすればいいのに、といった話をしなくなります。そうすると、リーダーの仕事は大変になり、うまく進まなくなります。

有馬くんが
ネットというヒントを
くれたから
新しいアイデアが生まれたのよ
やっぱり
人が増えれば
新しいアイデアが
生まれるわね

そうではなく、相手を尊重し、話を聞き、チーム全体にロジカル・シンキングを広め、明るい雰囲気で深い議論ができるようにする。それができれば、命令しなくても、自然と動くチームが作れます。リーダーの仕事は、そんなホットチームを作り出すことなのです。

即断即決！　仕事のスピードが跳ね上がる！

瞬時に判断し、最適なアクションが取れる

桃子は、ロジカル・シンキングによって大きく変わりましたが、ロジカル・シンキングは仕事もプライベートも大きく変えてくれます。

余計なストレスなく、どんどん仕事を進められるようになります。深く考え、検討することが苦痛ではなく、それどころか、楽しくて仕方がなくなります。

頭に浮かぶことをただA４メモに書き出していくだけで、どんどん仕事の成果が出るようになってしまうのです。

上司とのコミュニケーションも断然スムーズになります。より面白い仕事をやらせてもらえるようになります。同僚にも頼られるようになります。

A４メモを毎日10～20ページ書くだけではなく、本書で取り上げたような２×２のフレ

ームワークを使いこなしたり、3Cを戦略に利用したり、ロジックツリーを使って物事を整理すると、考えることが本当に楽しくなっていきます。

第1章で、謙二郎は、桃子から懇親会企画の相談を受けた際に、瞬時にどんな企画をやるべきか、方向性が見えていました。これは、課題を見た瞬間、聞いた瞬間に本質的な問題点が浮かび、どうすべきかが見えてくるからです。判断が素早く、人の話も一度で深く理解できるようになるので、状況把握が的確で速くなっていくのです。

第4章でも、ロジカル・シンキングで成長した桃子が、想定外のことが起こったときも焦らず解決していく姿が描かれていますが、まさに、このようになれます。

瞬間的に物事を判断し、次の瞬間には最適なアクションを取っている、ということが理想論ではなく、現実になる

のです。

ロジカル・シンキングで人生が変わる！

本書を読んでいただけた方にはおわかりいただけたように、ロジカル・シンキング、すなわち論理的思考はまったくむずかしいことではありません。誰にでもできることです。

頭が整理され、何をどう考えたらいいかが自然に浮かんできて、次々に問題解決できる。私はマッキンゼーで必死に工夫しながらロジカル・シンキングを鍛え上げることができましたが、本書を通じて、皆さんにその有効性が少しでもお伝えできたのであれば嬉しい限りです。

必要なのは、ちょっとした努力だけです。本書を読み、A4用紙を用意し、頭に何かが浮かんだらさっと書き留める、何か整理しようと思ったら2×2のマトリックスにさっと整理してみる……。

本書のプロローグを思い出してください。謙二郎は桃子に「ロジカル・シンキングができるようになれば人生が変わるよ」「きっと世界が変わって見える日が来るよ」といいました。

そう、ロジカル・シンキングは、人を大きく成長させてくれるのです。本書で学んだことを実践し、ぜひそれを実感していただければ幸いです。

君が変わりたいと願うならば
俺を信じて
きっと世界が変わって見える日が来るよ

マンガ制作協力●トレンド・プロ

カバーイラスト●大舞キリコ

表紙・カバーデザイン●古谷昌博（神楽坂マガジン社）

本文DTP●山本秀一・山本深雪（G-clef）

マンガDTP●神楽坂マガジン社

取材協力●一ノ瀬寿人（オズマPR）、村上賢司

マンガでわかる！
マッキンゼー式ロジカルシンキング

2015年 8月8日 第1刷発行
2024年 3月9日 第16刷発行

著者 赤羽雄二
シナリオ制作 星井博文
作画 大舞キリコ
発行人 関川 誠
発行所 株式会社 宝島社
〒102-8388 東京都千代田区一番町25番地
電話[営業]03-3234-4621 [編集]03-3239-0927
https://tkj.jp

印刷・製本 サンケイ総合印刷株式会社

ISBN978-4-8002-4124-5